DON BOSCO

Barbara Innecken

Kinesiologie –
Kinder finden ihr Gleichgewicht

*Wissenswertes, Spiele,
Lieder und Geschichten*

DON BOSCO

Alle hier aufgeführten Übungen wurden von der Autorin erprobt und sorgfältig ausgearbeitet. Sie können zu gesteigertem Wohlbefinden beitragen und haben sich als wirksame pädagogische Methode bewährt, stellen aber keinen Ersatz für eine notwendige medizinische oder therapeutische Betreuung dar. Die Anwendung der Übungen und Spiele geschieht in eigener Verantwortung, die Autorin und der Verlag stellen weder Diagnosen noch geben sie Therapieempfehlungen.

> Bibliografische Information der Deutschen Nationalbibliothek
>
> Die Deutsche Nationalbibliothek verzeichnet diese Publikation in der Deutschen Nationalbibliografie; detaillierte bibliografische Daten sind im Internet über http://dnb.d-nb.de abrufbar.

4. Auflage 2007 / ISBN 978-3-7698-1205-3
© 2000 Don Bosco Verlag, München
Umschlag: Felix Weinold, Schwabmünchen
Fotos: Dr. Martina Obermeyer, Kjell Solli, Barbara Innecken
Zeichnungen: Felix Weinold, Schwabmünchen
Notensatz: Nikolaus Veeser, Schallstadt
Satz und Layout: Undercover, Augsburg
Produktion: Don Bosco Druck & Design, Ensdorf

Gedruckt auf umweltfreundlichem Papier.

Inhalt

Ein paar Worte zuvor…

1. Veränderte Kindheit – bedrohtes Gleichgewicht 10

2. Kinesiologie – ein junger Baum mit alten Wurzeln 16
   East meets West
   *Ein Bündnis aus östlichem Erfahrungswissen und
   westlicher Wissenschaft* 16
   Der Baum und seine Früchte
   Die Vielfalt kinesiologischer Anwendungsmöglichkeiten . . . 17

3. Durch Bewegung ins Gleichgewicht – die Theorie 21
   „Bewegung ist das Tor zum Lernen"
   *Die tragende Rolle der Bewegung beim Lernen
   mit Körper, Geist und Seele* 21
   Sinnliche Entdeckungsreise
   Wahrnehmung als Grundpfeiler ganzheitlichen Lernens . . . 22
   Verkabelung
   *Neuronale Vernetzungen durch Bewegung
   und Wahrnehmung* 23
   Getrennt oder mit vereinten Kräften?
   *Rechte und linke Gehirnhälfte, ihre Aufgaben
   und ihre Integration* 24
   Auf allen Vieren
   *Das Überkreuzmuster – Grundfunktion frühkindlicher
   Bewegungsentwicklung* 26
   Der Grundstein ist gelegt
   *Frühkindliche Bewegungsmuster als Basis
   schulischen Lernens* 29
   Überkreuz und Überquer
   *Blockaden lösen und Defizite ausgleichen
   durch kinesiologische Übungen* 31

4. **Durch Bewegung ins Gleichgewicht – die Praxis** 34
   Gymnastik für das Gehirn
   12 Kinesiologische Basisübungen für den Kinderalltag 34
   Vom Quell des Lebens
   Wasser unterstützt Lernen und Denken 58
   Wer fährt mit?
   Mit der Lokomotive in drei Minuten hellwach 61
   Es ist nie zu spät
   Entwicklungskinesiologische Spiele und Übungen 62
   Fließen und Strömen
   Aufmunternde und beruhigende Spiele rund ums Atmen .. 67
   Mit Musik geht alles besser
   Lieder begleiten kinesiologische Bewegungsübungen 75
   Durch den Urwald
   Eine Erkundungsreise mit viel Bewegung 82
   Im Land der Farben
   *Die Farbenbalance als Spiel in der Gruppe,
   zu zweit oder allein* 85
   Auf dem Berge Sinai…
   Klatschspiele für die Kinesiologie wiederentdeckt 96
   Ich fange dich
   Jonglieren mit Tüchern und weichen Bällen 99
   Berühren und sich berühren lassen
   Massagen: Wohltat für Körper, Geist und Seele 102
   Und die Großen?
   *Selbsthilfeübungen für alle, die mit Kindern
   leben und lernen* 110

5. **Grenzen als Wegweiser** 114

Ein paar Worte zum Schluss… 120
Serviceteil 121

Praktisch: Ein Lesezeichen als Gedächtnisstütze

Diese Karte, die Sie im Buch eingelegt finden, gibt Ihnen einen Überblick über alle 12 kinesiologischen Basisübungen.

Wenn Sie sich mit den Übungen durch die ausführlichen Beschreibungen auf den Seiten 34–57 vertraut gemacht haben, kann Ihnen die Karte als Gedächtnisstütze dienen: Als Lesezeichen zwischen einen der zahlreichen Spielvorschläge gesteckt, den Sie mit Ihren Kindern als nächstes gerne ausprobieren möchten, brauchen Sie nur einen kurzen Blick auf die Karte zu werfen und schon wissen Sie wieder, wie die entsprechende Übung funktioniert.

Ein paar Worte zuvor...

Dieses Buch ist für alle gedacht, die ihre Kinder dabei unterstützen wollen, im Gleichgewicht zu bleiben und es immer wieder neu zu finden. Dazu gehören Erzieher, Grundschullehrer, Pädagogen und Therapeuten genauso wie Eltern.
Unsere moderne Zeit ist gekennzeichnet durch den ständig anwachsenden Stress, dem sowohl unsere Kinder als auch wir Erwachsenen ausgesetzt sind. Stress unterschiedlichster Art erzeugt Ungleichgewichte im körperlichen, seelischen und geistigen Wachstum unserer Kinder und schränkt ihr Entwicklungspotenzial ein. Bewegungs- und Wahrnehmungsstörungen, Aufmerksamkeitsdefizite (ADS) und Lese-Rechtschreibschwächen, Vereinzelung und Hyperaktivität (ADHS) werden als besondere Zeichen unserer Zeit gewertet. Das steigende Interesse an der Kinesiologie bei Eltern und Pädogogen zeigt, wie groß der Bedarf an neuen effizienten Lösungswegen angesichts wachsender pädagogischer Herausforderungen ist: Kinesiologische Übungen haben in den letzten Jahren sehr rasch ihren Platz in Kindergärten, Schulen und Familien gefunden.

Äußeres und inneres Gleichgewicht ist eine Voraussetzung dafür, dass sich unsere Kinder natürlich und gesund entwickeln können. Der Zustand des Gleichgewichts lässt sich allerdings weder bei uns selber noch bei den Kindern ein für alle Mal „festnageln", sondern will bei jedem Entwicklungsschritt und jeder Veränderung immer wieder neu geschaffen werden. Die Spielideen für die Kinder und die Selbsthilfeübungen für die „Großen" in diesem Buch möchten Ihnen als „kinesiologische Spielesammlung" ein praxisnahes Handwerkszeug sein, um im Getriebe des pädagogischen Alltags immer wieder ins Gleichgewicht zu kommen.
Darüber hinaus will dieses Buch aber auch dem gestiegenen Informationsbedarf an der Kinesiologie Rechnung tragen. So wird auf die Geschichte dieser noch relativ jungen Methode, ihre Wurzeln und möglichen Anwendungsgebiete ebenso eingegangen, wie auf die Grenzen der kinesiologischen Förderung in Elternhaus und pädagogischem Umfeld. Ein besonderer Schwerpunkt liegt außerdem auf den Zusam-

menhängen von Bewegung, Wahrnehmung und Lernen, um die Wirkungsweise kinesiologischer Übungen und Spiele auch theoretisch zu beleuchten.

Ob Sie nun gleich mit dem Praxisteil beginnen oder sich erst einen grundlegenden Überblick verschaffen: Ich wünsche Ihnen viel Spaß bei der Lektüre und hoffe, dass dieses Buch mit seinen Informationen, Spielen, Liedern und Geschichten einige Anregungen für Sie und die Ihnen anvertrauten Kinder bereit hält!

Barbara Innecken

1. Veränderte Kindheit – bedrohtes Gleichgewicht

Jede Generation von Eltern, Erziehern und Lehrern hegt den Wunsch nach gesunder Entwicklung und lebendigem Wachstum ihrer Kinder. Das war schon immer so und daran wird sich hoffentlich auch nie etwas ändern! Jede Generation muss sich allerdings auch bei der Erziehung der Kinder den Herausforderungen ihrer Zeit stellen. Ging es in früheren Zeiten vorwiegend um materielle Überlebenssicherung, um Kriege oder Naturkatastrophen, so ist das beherrschende Thema unserer Tage das Schlagwort „Stress" geworden. Der technische Fortschritt eröffnet uns viele Möglichkeiten und Sicherheiten, er fordert

aber auch seinen Tribut. Das moderne Kind sieht sich einer Vielzahl von zusätzlichen Belastungen gegenüber, mit denen seine Eltern als Kinder noch wenig oder keine Berührung hatten. Stichworte hierzu sind Medienüberflutung, Konsumzwang, Leistungsdruck, Alltagshektik und Freizeitstress. Die stetige Zunahme von Schul- und Lernproblemen, Aufmerksamkeitsdefiziten (ADS), Hyperaktivität (ADHS), Verhaltensauffälligkeiten, Allergien und anderen gesundheitlichen Problemen bei unseren Kindern spricht eine deutliche Sprache und fordert uns zum Handeln auf.

Wenn wir uns die Kindheit als ein „Lebensschiff" vorstellen, das über das Meer segelt, so können wir die besonderen Herausforderungen unserer Zeit als stürmische Winde betrachten, die den jungen Segler aus dem Gleichgewicht zu bringen drohen.

Bewegungsmangel

Durch die gestiegene Motorisierung einerseits und die eingeschränkten Bewegungsfreiräume andererseits bewegen sich unsere Kinder heute nur noch halb soviel wie ihre Altersgenossen vor 20 Jahren. Fast jede Familie hat mittlerweile ein Auto zur Verfügung und die Kinder werden in den Kindergarten, die Schule, zu Freunden oder zum Musikunterricht „kutschiert". Diese Wege wurden früher zu Fuß oder mit dem Fahrrad zurückgelegt. Schon allein dadurch bewegten sich die Kinder viel mehr an der frischen Luft und konnten auf natürliche Weise Stress abbauen, zum Beispiel auf dem Nachhauseweg von der Schule.

Durch den zunehmenden Verkehr und die Verbauung der Natur haben die Kinder auch immer weniger Möglichkeiten, Bewegungserfahrungen wie Klettern, Balancieren, Rennen auf unebenem Gelände, Schaukeln und Seilspringen zu sammeln. Dieser Bewegungsmangel wirkt sich äußerst nachteilig auf die Bewegungsmuster, die Haltung, die Fitness und das Gewicht, aber auch auf die seelische und geistige Entwicklung unserer Kinder aus. (→ Mehr über diese Zusammenhänge erfahren Sie in dem Kapitel „Durch Bewegung ins Gleichgewicht – die Theorie", S. 21.)

Kinder bewegen sich durch die gestiegene Motorisierung zu wenig.

Medienüberflutung

Der Reiz, den die elektronischen Medien auf Kinder ausüben, ist enorm hoch, und so verbringen viele Kinder unserer Zeit bis zu vier Stunden täglich vor dem Fernseher oder mit Computer- und Videospielen. Statt ihre Umwelt bei Spiel und Bewegung mit allen Sinnen zu erkunden und zu erforschen, also primäre Erfahrungen zu machen, verlassen sich immer mehr Kinder auf die Vermittlung der Wirklichkeit durch die Medien, also auf ein Leben „aus zweiter Hand". Augen und Ohren werden dadurch überreizt, die übrigen Sinne hingegen unterfordert, die Folgen sind nur allzu bekannt: Konzentrations- und Wahrnehmungsprobleme, häufig zu beobachten ist auch eine gewisse Antriebslosigkeit, entstanden aus der Diskrepanz zwischen den Allmachtsgefühlen aus den Scheinwelten und der Notwendigkeit, das reale Leben „in die Hand zu nehmen". Auch die Erprobung im sozialen Umfeld und die Kommunikation mit Gleichaltrigen bleiben leicht auf der Strecke, denn ein Kind, das den Nachmittag vor dem Fernseher verbringt, hat am Abend keine Zeit und wahrscheinlich auch kein Bedürfnis mehr, seine Spielkameraden zu treffen!

Augen und Ohren sind überreizt, andere Sinne unterfordert.

Leistungsdruck und Überforderung

Eine optisch-akustische Überforderung stellt auch die Art und Weise dar, in der die Kinder hauptsächlich in der Schule lernen: Auch hier dominiert häufig immer noch ein Unterrichtsstil, der Ohren und Augen einseitig bevorzugt. Wissensansammlung durch Zuhören, Zuschauen, Schreiben und Lesen hat einen deutlich höheren Stellenwert als Erarbeitung des Stoffes durch Kreativität, eigenes Tun und ganzheitliches Lernen. Obwohl die Arbeitswelt längst die Vorteile von Flexibilität und Teamgeist ihrer Mitarbeiter entdeckt hat, werden unsere Kinder immer noch zu sehr dem Druck ausgesetzt, als Einzelkämpfer Wissen anzusammeln und zu reproduzieren. Hier können die staatlichen Lehrpläne noch eine Menge von der Montessori- und Waldorfpädagogik und anderen ganzheitlichen Ansätzen lernen!

Emotionale Belastungen

Kinder brauchen für ihr seelisches Gleichgewicht die Geborgenheit in der Familie und klare Werte, an denen sie sich orientieren können. Auch auf diesem Gebiet hat unsere Zeit ihre sehr spezifischen Herausforderungen: Jede dritte Ehe wird geschieden, was bedeutet, dass immer mehr Kinder nur mit Vater oder Mutter oder in sogenannten „Patchworkfamilien" aufwachsen. Auch „vollständige" Kleinfamilien fühlen sich bei der Erziehung ihrer Kinder zunehmend überfordert, z.B. müssen sie alle Aufgaben, bei denen sie früher von den Großeltern oder Verwandten unterstützt wurden, heute weitgehend alleine tragen. Der ethische und religiöse Werteverlust in unserer Gesellschaft trägt ebenfalls zur Verunsicherung von Eltern und Kindern bei, Konsum und Statussymbole als moderne Ersatzwerte sind schlechte Berater!

Umweltverschmutzung

Obwohl in den letzten Jahren ein Umdenken in Bezug auf die Erhaltung unserer Umwelt begonnen hat, wird dieses Thema auch die nächsten Generationen noch nachhaltig beschäftigen. Luftverschmutzung, Lärmbelastung und Wasserverunreinigung sind inzwischen allgemein anerkannte Probleme, da sie unser Leben deutlich wahrnehmbar negativ beeinflussen. Aber auch all die schleichenden Belastungen, die von unseren Sinnen nicht unmittelbar wahrgenommen werden, bedrohen die Gesundheit unserer Kinder in noch nicht erforschtem Ausmaß: Schwermetalle und Lösungsstoffe, Insektizide und Pestizide, Elektrosmog und Strahlenbelastung. Der kindliche Organismus reagiert in zunehmendem Maße mit Allergien und anderen chronischen Erkrankungen auf diese unsichtbare Bombardierung.

Umweltgifte bedrohen die Gesundheit von Kindern und Erwachsenen.

Denaturierte Ernährung

Unser Körper braucht Nahrung und Wasser, um immer wieder neue Energien zu tanken. Da Kinder sich noch im Aufbau ihrer körperlichen und geistig-seelischen Kräfte befinden, ist Nahrung für sie darüber hinaus ein Grundbaustein ihrer Entwicklung. Wie aber sieht die Ernährung unserer Kinder heute aus? Viele der von der Industrie angebotenen Nahrungsmittel schwächen den Körper eher, als dass sie ihm Energie zuführen: Sie enthalten zu viele Farbstoffe und synthetische Zusatzstoffe, zu viel Zucker, zu viele Hormone und Antibiotika aus der Tierhaltung und sind durch Verarbeitungsprozesse arm an Nährstoffen, Mineralien und Vitaminen geworden. Alltagshektik und Zeitdruck machen es uns schwer, unsere Kinder mit gesunden und naturbelassenen Lebensmitteln zu ernähren und die Werbung tut ihr Übriges dazu, uns davon abzubringen! Auch um die Grundversorgung des Körpers mit dem Element Wasser ist es in vielen Fällen schlecht bestellt, süße Limonaden und Mixgetränke aller Art treten oft an die Stelle des Wassers. (→ Mehr nützliche Informationen darüber finden Sie in dem Kapitel „Vom Quell des Lebens", S. 58.)

> Industrie und Werbung bestimmen heute weitgehend unsere Ernährungsgewohnheiten.

Kehren wir noch einmal zum Bild des Segelschiffes zurück, das in den mitunter stürmischen Winden des Lebens sein Gleichgewicht sucht. Das Schiff braucht als Energiequelle Wind um vorwärts zu kommen und seinen Lebensweg zu finden. Die Frage ist nur, wie viel Wind können wir dem noch jungen und unerfahrenen Segler zumuten, damit er nicht allzusehr in Schieflage gerät? Er ist ja durchaus damit beschäftigt, sich mit den Kräften, die sein ganz persönliches Leben für ihn bereit hält, seinen Weg zu bahnen. Seine Geburt, die Anlagen, die er mitgebracht hat, die Familie, in der er aufwächst, besondere Ereignisse und Erlebnisse – diese Energiequellen, oder um in der Sprache des Bildes zu bleiben, diese Winde bestimmen den Kurs seines jungen Lebens und es ist leicht vorstellbar, dass ihn zu starke zusätzliche Winde überfordern und von seinem Kurs abbringen können. In diesem Sinne sollten wir unsere Kinder einerseits vor unnötigen Stürmen durch Stress bewahren und sie andererseits darin stärken, mit nicht vermeidbarem Stress umzugehen und trotzdem im Gleichgewicht zu bleiben.

Angesichts dieser wachsenden pädagogischen Anforderungen unserer Zeit haben sich neue Lösungswege entwickelt, einer davon ist die Kinesiologie. Das Anliegen dieser noch relativ jungen, ganzheitlichen Methode ist es, Stress zu erkennen und ihn auf sanfte Art abzubauen, um das „Schiff des Lebens" immer wieder ins Gleichgewicht zu bringen. Das folgende Kapitel möchte Sie über die Entstehung der Kinesiologie, über ihre verschiedenen Fachrichtungen und Anwendungsmöglichkeiten informieren.

Kinesiologie gibt Antworten auf drängende Fragen der Pädagogik.

2. Kinesiologie –
ein junger Baum mit alten Wurzeln

East meets West

Ein Bündnis aus östlichem Erfahrungswissen und westlicher Wissenschaft

Der Urheber der Kinesiologie kam aus dem medizinischen Bereich, es war Dr. George Goodheart, ein amerikanischer Chiropraktiker. Er beobachtete Anfang der sechziger Jahre, dass jeder große Muskel mit einem Körperorgan in Verbindung steht und überprüfte den Zustand der verschiedenen Muskeln mit Hilfe des Muskeltests, einem damals bereits bekannten Verfahren. Testete ein Muskel schwach, so wertete George Goodheart dies als Hinweis, dass sich das dem Muskel zugeordnete Organ nicht im Gleichgewicht befand. Er stärkte den betroffenen Muskel durch die Massage bestimmter Reflexpunkte aus der Chiropraktik und konnte damit auch die Funktion des betroffenen

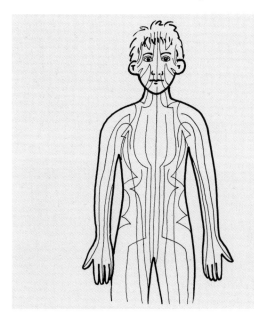

Meridiane und Akupunkturpunkte

In der 5000 Jahre alten Traditionellen Chinesischen Medizin gibt es 14 Meridiane, die als Leitbahnen unserer Lebensenergie verstanden werden und über den ganzen Körper verteilt sind. Jeder Meridian ist einem bestimmten Organ zugeordnet, so gibt es z.B. den Magenmeridian, den Nierenmeridian oder den Herzmeridian. Die Akupunkturpunkte sind entlang der Meridiane angeordnet, durch die Massage oder Akupunktur dieser Punkte wird der Energiefluss der Meridiane ausgeglichen.

Organs verbessern. Als er dann noch entdeckte, dass sich ein schwacher Muskel auch durch ausgleichende Arbeit an den Meridianen und Akupunkturpunkten stärken ließ, war die Angewandte Kinesiologie als Synthese aus westlicher Medizin und östlichem Erfahrungswissen geboren. Sie verbreitete sich unter dem Namen „Applied Kinesiology" als diagnostisches und therapeutisches Verfahren rasch in medizinischen Kreisen und wird heute weltweit von Ärzten, Zahnärzten und Heilpraktikern angewandt.

Der Baum und seine Früchte

Betrachtet man die Traditionelle Chinesische Medizin als Wurzeln und die „Applied Kinesiology" als Stamm eines Baumes, so kann man die verschiedenen kinesiologischen Methoden, die sich in der Folgezeit daraus entwickelten, als die Früchte dieses Baumes sehen. Die Kinesiologie bot eine gute Möglichkeit, Stress und damit Ungleichgewichte nicht nur körperlicher, sondern auch seelischer und geistiger Art herauszufinden und zu lösen. Aus diesem Grund wurde sie seit Beginn der 70er Jahre mehr und mehr auch in anderen Fachbereichen eingesetzt, z.B. in der Gesundheitsvorsorge, in der Psychologie oder der Pädagogik. Zunächst noch als Außenseitermethode kritisch betrachtet, hat die Kinesiologie mittlerweile einen festen Platz in den unterschiedlichsten Berufsfeldern und auch im Alltag von Kindern und Erwachsenen gefunden. Da die Entwicklung neuer kinesiologischer Methoden bis heute anhält und auch die Vielfalt der Anwendungsbereiche für Verwirrung sorgen kann, hier einige Beispiele für die „Früchte" des „kinesiologischen Baumes":

Die Vielfalt kinesiologischer Anwendungsmöglichkeiten

Touch for Health nach Dr. John Thie

Es war das Anliegen John Thies, einem Schüler George Goodhearts, auch dem medizinischen Laien die Kinesiologie zugänglich zu machen. So entwickelte er 1971 die Methode „Touch for Health" (Gesund durch

Die Früchte der Kinesiologie

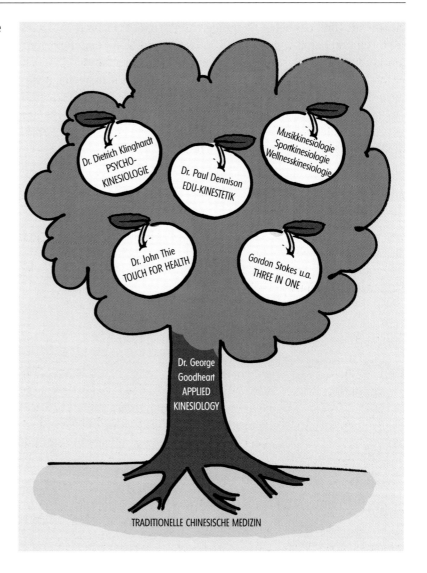

Berühren), in deren Mittelpunkt die Idee steht, dass jeder Mensch durch Abbau von Stress viel zur Erhaltung seiner eigenen Gesundheit beitragen kann. Er unterrichtet Schüler in aller Welt und zeigt ihnen, wie sie mit Hilfe einfacher Techniken angestauten Stress immer wieder lösen und damit Unwohlsein vermeiden und Krankheiten vorbeugen können. Die meisten der später entstandenen kinesiologischen Methoden basieren auf dem „Touch for Health", das sich auch mit vielen anderen therapeutischen Konzepten, z.B. in der Ergo-, Sprach- und Physiotherapie, gut kombinieren lässt. Im Praxisteil dieses Buches werden verschiedene Übungen aus dem „Touch for Health" vorgestellt, die sich im Alltag mit Kindern bewährt haben.

Three in One nach Gordon Stokes u.a.

Three in One (Drei in Einem) betont die ganzheitliche Sichtweise der Kinesiologie, gemeint ist die Einheit von Körper, Seele und Geist. Entsprechend wird Three in One bei Lernproblemen ebenso wie bei Stresssymptomen körperlicher und seelischer Art angewandt.

Psycho-Kinesiologie nach Dr. Dietrich Klinghardt

Diese Methode steht hier als Beispiel für die Anwendungsmöglichkeit der Kinesiologie in der Therapie, speziell der Psychotherapie. Bei seelischen Problemen, Ängsten, Traumata oder psychosomatischen Erkrankungen wird mit Hilfe des Muskeltests nach deren Ursachen geforscht und mit sanften Techniken der zugrunde liegende unerlöste seelische Konflikt gelöst.

Musikkinesiologie, Sportkinesiologie, Wellnesskinesiologie

Dies sind einige Beispiele für die sich ständig erweiternde Palette der Einsatzmöglichkeiten der Kinesiologie in vielen Bereichen des Lebens. Auch hier werden Stressfaktoren gesucht, die uns hemmen, uns einfach wohlzufühlen oder bei Sport und Musik die von uns gewünschten Leistungen zu bringen und trotzdem entspannt zu sein.

Edu-Kinestetik nach Dr. Paul Dennison

Der amerikanische Sonderpädagoge Paul Dennison und seine Frau Gail entwickelten diese pädagogische Methode aus ihrer 20-jährigen Erfahrung mit Kindern, die Lern- und Sprachschwierigkeiten hatten. Sie stellten die Edu-Kinestetik unter das Motto „Bewegung ist das Tor zum Lernen" und durch ihre Arbeit wurde die Kinesiologie in Europa erst richtig bekannt. Lateinisch Educare heißt herausziehen, herausholen und Kinestetik (griechisch *kinesis* = Bewegung) ist die Lehre von der Bewegung. Edu-Kinestetik bedeutet also, durch Bewegungsübungen die im Kind verborgenen Potenziale und Fähigkeiten „herauszuholen".

Übungen der Edu-Kinestetik

Ein Großteil der in diesem Buch vorgestellten Übungen und Spiele stammen aus dem Bereich der Edu-Kinestetik. Die Methode wird in der Einzel- und Gruppenarbeit der Lernberatung, Heilpädagogik, Sprachtherapie etc. eingesetzt, lässt sich aber auch in den pädagogischen Alltag aller Altersstufen einbeziehen. Das Anliegen dieses Buches ist es, Ihnen dazu Anregungen zu geben. Um die Wirkungsweise der Bewegungsübungen besser verständlich zu machen, finden Sie im folgenden Kapitel einige theoretische Überlegungen darüber, wie Bewegung, Wahrnehmung und Lernen zusammengehören.

3. Durch Bewegung ins Gleichgewicht – die Theorie

„Bewegung ist das Tor zum Lernen"

Paul Dennisons Motto „Bewegung ist das Tor zum Lernen" bringt zum Ausdruck, welch tragende Rolle die körperliche Bewegung beim Prozess des Lernens spielt. Lernen geschieht nicht nur im Kopf, sondern auch mit Hand und Fuß und natürlich mit dem Herzen. Dieses ganzheitliche Lernen mit Körper, Geist und Seele lässt sich bereits beim Neugeborenen beobachten:

Am Anfang seines Lebens bewegt es seine Arme, Beine und Augen noch völlig unkoordiniert und scheinbar zufällig. Innerhalb eines Jahres schafft es das Kind, sich aus der hilflosen Rückenlage in die Senkrechte zu begeben, dabei nicht umzufallen und auch noch vorwärts zu laufen. Dieses Wunderwerk gelingt nur durch unablässiges Üben und Verfeinern, wobei ein Schritt auf den anderen aufbaut: Kopfheben und Aufstützen der Unterarme, Umdrehen des Rumpfes, Robben, Krab-

Die tragende Rolle der Bewegung beim Lernen mit Körper, Geist und Seele

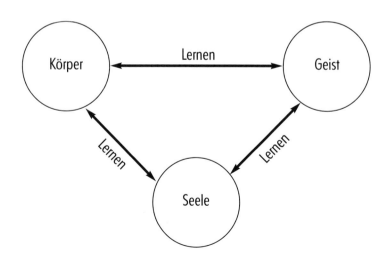

beln, Hochziehen und schließlich das Laufen. Mit jedem körperlichen Schritt zeigen sich auch seelische und geistige Entwicklungsschritte, die wiederum den nächsten körperlichen Schritt erst ermöglichen. Diesen wechselseitigen Prozess nennen wir Lernen.

Einige Beispiele für diese „interaktive Zusammenarbeit": Das erste Lächeln eines Babies ist für Eltern und Kind ein Moment großen Glücks – dieser Ausdruck der Seele wird aber erst dann möglich, wenn die Augen des Säuglings in der Lage sind, eine Person oder einen Gegenstand zu fixieren. Diese zunächst rein körperliche Fähigkeit braucht das Baby auch, um den Hampelmann über seinem Bettchen zu erkennen. Als Folge davon kommt ein geistig-seelischer Prozess in Gang, nämlich das Interesse des Babies an dem Spielzeug. Der Wunsch, das Spielzeug zu erreichen, aktiviert wiederum neue Bewegungen, denn das Baby möchte den Hampelmann er-greifen. Kann das Kind dann einen Gegenstand bewusst halten, möchte es ihn be-greifen, d.h. es beginnt, mit Hilfe verschiedener Wahrnehmungen, den Gegenstand zu erforschen.

Sinnliche Entdeckungsreise

Wahrnehmung als Grundpfeiler ganzheitlichen Lernens

Lustvoll und mit allen Sinnen – so eignet sich das Baby sein Spielzeug an: Wie fühlen sich die Oberfläche und die Form im Mund, auf der Haut, in der Hand an, wie sehen die Farben und die Umrisse aus, wie klingt es und welche Geräusche kann man damit machen, wie riecht es und wie schmeckt es? Um all dies wahrnehmen zu können, muss das Baby sich bewegen, dadurch wiederum trainiert es seinen Gleichgewichtssinn und nimmt die Haltung seines Körpers im Raum wahr. Je mehr Sinne bei dieser Erkundungsreise beteiligt sind, desto besser prägt sich der „Lerngegenstand" ein, desto tiefer verankert er sich im Gedächtnis und kann später mit neuen Erfahrungen verglichen werden. Die Vorteile dieses ganzheitlichen Lernens liegen auf der Hand: Hat das Kind von Anfang an und auch später in Kindergarten und Schule die Möglichkeit, seine Umwelt mit allen Sinnen zu erkunden, dann geschieht Lernen mit Freude – und mit optimalem Erfolg!

Unsere Kinder erfahren die Wirklichkeit verstärkt „aus zweiter Hand", z.B. durch Fernsehen, Videospiele und Computer. Dadurch werden einerseits die Augen und Ohren überreizt und andererseits bleiben körperliche Bewegung und die übrigen Sinnesorgane auf der Strecke. Kinder, die ihre Umwelt durch viel Bewegung und eigenes, sinnliches Erleben erforschen können, haben bessere Chancen bei der Entwicklung ihres Intellekts, ihrer Kreativität und ihres Gefühlsreichtums. Schauen wir uns genauer an, warum das so ist!

Verkabelung

Die Schaltzentrale, die die immer komplizierter werdenden Schritte in der Entwicklung vom Kind zum Erwachsenen steuert, ist unser Gehirn. Durch die moderne Gehirnforschung ist es zunehmend möglich geworden, neurologische Prozesse sichtbar zu machen, und so können wir einen Blick darauf werfen, wie sich Lernen aus physiologischer Sicht darstellt.

Neuronale Vernetzung durch Bewegung und Wahrnehmung

Vernetzung der Nervenzellen im Gehirn

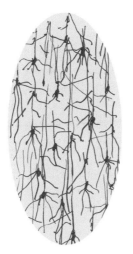

Nervenzellen zum Zeitpunkt der Geburt

Nervenzellen nach drei Monaten

Nervenzellen eines Dreijährigen

Bei einem Schnitt durch die menschliche Großhirnrinde lässt sich erkennen, dass zum Zeitpunkt der Geburt zwar fast alle Nervenzellen vorhanden sind, sie aber noch ein recht wenig verbundenes Dasein führen. Im Alter von drei Monaten haben sich die Verbindungen zwischen den einzelnen Gehirnzellen deutlich verdichtet und bilden im Alter von drei Jahren ein engmaschiges Netz. Diese Verbindungen werden neuronale Vernetzungen genannt und entstehen dadurch, dass wir uns bewegen und mit allen Sinnen wahrnehmen. Die Informationen, die das Gehirn dadurch erhält, speichert es und stellt eine Verknüpfung zu bisherigen Erfahrungen her: der Prozess des Lernens ist im vollen Gang! Computer funktionieren auf ähnliche Weise, sie sind aber von ihrem Vorbild Mensch noch weit entfernt!

Wenn Wahrnehmung und Bewegung die Grundlagen jeglichen Lernens sind, dann ist es leicht einzusehen, warum unsere Kinder ganzheitliches Lernen brauchen, um ihr volles Potenzial entwickeln zu können. Durch vielfältige Bewegungen und die damit verbundenen Wahrnehmungen möglichst vieler Sinne bekommt das Gehirn genügend „Futter", um seinerseits den Körper, die Seele und den Intellekt optimal zu versorgen. Und dies nicht nur in den ersten drei Lebensjahren, sondern – immer komplexer werdend – ein Leben lang! Diese Tatsache kann uns Mut machen: Pädagogische Förderung macht Sinn, wenn Vernetzungen und damit Lernzuwachs in jedem Alter möglich sind, auch wenn das nicht mehr im gleichen rasanten Tempo geschieht wie in der Kleinkinderzeit. Grundfunktionen oder, anders ausgedrückt, Entwicklungsschritte, die aus den verschiedensten Gründen im Kleinkindalter unterblieben sind, können also nachgeholt werden. Als Beispiel dafür werden wir im Folgenden das Überkreuzmuster zur Integration der Gehirnhälften genauer betrachten.

Getrennt oder mit vereinten Kräften?

Rechte und linke Gehirnhälfte, ihre Aufgaben und ihre Integration

Unser Großhirn besteht aus zwei Teilen, den beiden Hemisphären. Jede Hälfte hat sehr unterschiedliche Aufgaben, die linke Gehirnhälfte wird gemeinhin als die „analytische", die rechte als die „ganzheitliche" bezeichnet. Obwohl wesentlich komplexer organisiert, lassen sich die verschiedenen Funktionen stark vereinfacht so darstellen:

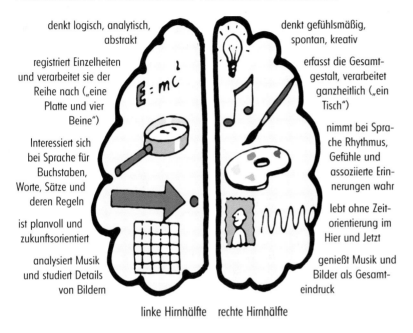

Die Aufgaben von linker und rechter Gehirnhälfte

Wenn Sie sich selbst und andere beobachten, werden Sie häufig eine Tendenz zur einen oder anderen Seite feststellen. Sie werden auch beobachten, dass sich diese Tendenz in den meisten Fällen unter Stress noch verstärkt, wie das z.B. bei einem Streit oder Konflikt der Fall sein kann. Ein „Linkshirner" wird vermutlich im Verlauf eines Streits versuchen, die Sache logisch in den Griff zu kriegen und sich dabei immer mehr in Einzelheiten festbeißen. Der „Rechtshirner", wird hingegen hauptsächlich „aus dem Bauch heraus" agieren und auf die Argumente und Details seines Gegenübers gar nicht eingehen. Der Misserfolg einer derartigen Kommunikation ist vorprogrammiert! Je mehr wir zu einem der beiden Extreme neigen, desto schwerer fällt uns das soziale Miteinander und desto schlechter finden wir uns in unserer Umwelt zurecht. Unser Denken und unsere Persönlichkeit sind umso ausgeglichener, je besser uns der Zugang zu beiden Gehirnhälften gelingt. Wie

Unsere Persönlichkeit ist umso ausgeglichener, je besser wir beide Gehirnhälften (vernetzt) nutzen.

aber lässt sich nun der optimale Zugang zu beiden Gehirnhälften erreichen? Die Antwort heißt: durch neuronale Vernetzung! Die Verbindung der Gehirnhälften besteht aus einem extradicken Bündel von Nervenfasern, dem „Balken" (lat. corpus callosum). Ist diese Nervenverbindung gut ausgebildet, so haben wir bei allem, egal ob es sich um Gefühle, Lern- oder Denkleistungen, Sprache, Kreativität oder soziales Verhalten handelt, Zugriff auf das Potenzial beider Gehirnhälften. Durch freies Hin- und Herschalten zwischen den Hemisphären liefert uns das Gehirn seine bestmögliche Lösung. Die nächste Frage ist nun, wie wird die Zusammenarbeit der beiden Gehirnhälften „von Kindesbeinen an" erreicht und wie lässt sie sich unterstützen?

Auf allen Vieren

Das Überkreuzmuster – Grundfunktion frühkindlicher Bewegungsentwicklung

Unser Körper ist symmetrisch aufgebaut: eine gedachte Körpermittellinie fungiert als Symmetrieachse zwischen rechter und linker Körperhälfte. Das Großhirn mit seinen zwei Hälften steuert Bewegung und Wahrnehmung nach einem Überkreuzmuster. Das bedeutet, dass z.B. rechter Fuß und rechte Hand ebenso wie rechtes Ohr und rechtes

Auge von der linken Hemisphäre aktiviert werden. Es bedeutet umgekehrt aber auch, dass Informationen des rechten Ohrs oder Auges und Bewegungen des rechten Arms oder Beins die linke Hemisphäre „anschalten", d.h. in Gang setzen. Also fördern Bewegungen, die sowohl die rechte als auch die linke Gehirnhälfte gleichzeitig mobilisieren, die Integration von beiden Hemisphären. Wenn wir uns noch einmal die frühkindliche Bewegungsentwicklung anschauen, können wir feststellen, dass das Baby schon in den ersten Monaten das Überqueren der Mittellinie „übt": Es folgt mit beiden Augen bewegten Gegenständen, es greift mit der Hand nach Spielsachen auf der gegenüberliegenden Seite, es wendet den Kopf, es arbeitet mit rechter Schulter und linkem Becken, um sich zu drehen. Der Höhepunkt der Überkreuzbewegungen ist dann erreicht, wenn das Baby über das Robben zum Krabbeln kommt.

Robben, 7.–9. Monat im homolateralen Muster.

Krabbeln, 10.–12. Monat im Überkreuzmuster.

Während das Kind sich beim Robben noch im sogenannten homolateralen Muster bewegt, d.h. sich mit beiden Beinen oder Armen vorwärts schiebt, erfolgt das Krabbeln bereits im kontralateralen oder Überkreuzmuster: Der rechte Arm wird gleichzeitig mit dem linken Bein bewegt. Um diese Bewegung zu koordinieren, müssen rechte und linke

Gehirnhälfte zusammenarbeiten. Dieser komplexe Vorgang ist natürlich nur möglich, wenn dazu alle Voraussetzungen durch die vorhergehende Entwicklung gegeben sind. Die Entwicklungsschritte des Kindes laufen in seinem ersten Lebensjahr in genau festgelegter Reihenfolge ab und bauen aufeinander auf. Wird diese Entwicklung durch eine schwere Geburt, Krankheit, eingeschränkten Bewegungsraum oder andere Stressfaktoren unterbrochen oder werden wichtige Entwicklungsschritte übersprungen, so ist das Fundament für die weitere Entwicklung nicht stabil. So können auch wohlmeinende Eltern, die ihr Kind sofort an den Armen festhalten und beim Laufenlernen unterstützen wollen, sobald es sich irgendwo hochzieht, durch dieses Verhalten dazu beitragen, dass ihr Kind die überaus wichtige Krabbelphase auslässt und nur noch laufen will. Ähnliches kann ein Laufwagen als Gehhilfe bewirken: Da das Kind bereits große Strecken mit Hilfe dieses Geräts zurücklegen kann, wenn auch oft nur auf Zehenspitzen, weigert es sich, das dann mühsam erscheinende Krabbeln zu erlernen. In der Krabbelphase erwirbt sich das Kind jedoch grundlegende Fähigkeiten: Erwerb des Überkreuzmusters auf grobmotorischer Ebene, freie Bewegung des aufrecht gehaltenen Kopfes in alle Richtungen, Stärkung der Armmuskulatur, Beweglichkeit der Wirbelsäule, Stärkung des Gleichgewichtssinns.

Was können nun die Folgen sein, wenn die Krabbelphase aus irgendeinem Grund ausgelassen wird? Die nächsten Entwicklungsschritte werden das Hochziehen und das Laufenlernen sein und das Kind muss dann eine Menge Energie investieren, um die Defizite der übersprungenen Entwicklungsphase auszugleichen. Zum Beispiel übt das Kind beim Krabbeln, das Gleichgewicht zu halten, weil der Schwerpunkt nicht mehr am Boden ist wie beim Robben, aber noch nicht so hoch ist wie beim Laufen. Zieht es sich nun direkt vom Stadium des Robbens in die Höhe und will stehend das Gleichgewicht halten, so muss es das noch unsichere Gleichgewicht mit viel Anstrengung kompensieren. Ähnlich verhält es sich, wenn das Kind laufen lernen will, ohne vorher das Überkreuzmuster der Extremitäten eingeübt zu haben: Entweder erwirbt sich das Kind mühsam das Überkreuzmuster, das für einen frei schwingenden, gelenkigen Gang unerlässlich ist, oder es bleibt der Ein-

Werden wichtige Entwicklungsschritte im Babyalter übersprungen, ist das Fundament für die weitere Entwicklung instabil.

Die Defizite einer übersprungenen Entwicklungsphase auszugleichen, kostet das Kind eine Menge Energie.

fachheit halber beim vom Robben vertrauten, homolateralen Bewegungsmuster. Wenn Sie einmal versuchen, locker und frei zu gehen, während Sie bei jedem Schritt den gleichseitigen Arm mit nach vorne bewegen (der sogenannte Passgang), können Sie die Nachteile dieser Fortbewegungsart am eigenen Körper spüren! Verbleibt das Kind in diesem homolateralen Muster, dann muss es viel Geduld und unnötige Mühe aufwenden, um Fertigkeiten wie klettern, hüpfen oder balancieren zu erlernen.

Der Grundstein ist gelegt

Von der guten Zusammenarbeit der beiden Gehirnhälften profitiert aber nicht nur die grobmotorische Geschicklichkeit des Kindes, sondern natürlich alle anderen Bereiche ebenso: die Integration und Koordination aller Sinne, die logische Denkfähigkeit und die Entwicklung der Kreativität, die Feinmotorik, das Sprechen, die Fähigkeit, Gefühle wahrzunehmen und auszudrücken, die soziale Kompetenz und die Entwicklung der Persönlichkeit. Mit anderen Worten: Die ganze weitere Entwicklung des Kindes wird vom Gesamtpotenzial beider Gehirnhälften getragen. Wenn beide Augen und Ohren, beide Füße und Hände sowie die Rumpfmuskulatur koordiniert werden und ohne Beeinträchtigung zusammenarbeiten können, erwirbt sich das Kind in seiner Kleinkind- und Kindergartenzeit damit auch eine solide Basis für das Erlernen der sogenannten Kulturtechniken, also für das Lesen, Schreiben und Rechnen.

Frühkindliche Bewegungsmuster als Basis schulischen Lernens

Ein Schulkind, das sich des Überkreuzmusters beim Lesen bedient, kann die Analyse der Wörter „Haus" oder „Maus" vermutlich mit einem Blick vornehmen, da sich seine Gehirnhälften im Zweifelsfall kurzschließen werden: Falls die rechte Gehirnhälfte die Wortgestalt nicht sofort als Ganzes erkennt, kann ihr die linke Gehirnhälfte mit ihrer Entschlüsselung der einzelnen Buchstaben beispringen und so das Wort durch Buchstabieren erlesen. Möglich wird dieses Hin- und Herschalten in rasantem Tempo dadurch, dass die Verbindung zwischen beiden Hemisphären gut ausgebildet ist und beide Augen gleichzeitig das Ge-

Lesen mit Hilfe des Überkreuzmusters

Lesen im Überkreuzmuster

Lesen im homolateralen Muster, rechtes Auge

lesene wahrnehmen, indem sie die visuelle Mittellinie überkreuzen. Die Buchseite, die genau in der Mitte des Gesichtsfeldes liegt, ist für das beidäugige Sehen natürlich eine wichtige Unterstützung!

Auch das Schulkind, das sich des homolateralen Musters beim Lesen bedient, wird vermutlich das „Haus" von der „Maus" unterscheiden können, allerdings nur dadurch, dass es die Wörter jedes Mal neu durch Zusammenfügen der einzelnen Buchstaben erliest. Da es den Text nur mit seinem rechten Auge aufnimmt, aktiviert es entsprechend auch nur die linke Gehirnhälfte und seine analytische Leistung. Die Fähigkeit der rechten Gehirnhälfte, Wörter als Ganzes wieder zu erkennen, liegt dadurch weitgehend brach. Dem Kind gelingt das Lesen zwar, aber nur langsam und mit großer Mühe. Würde das Kind hingegen nur mit seinem linken Auge lesen, wird es vermutlich darauf angewiesen sein, zu erraten, ob es sich um ein Haus oder eine Maus handelt. Die rechte Gehirnhälfte, die durch das wahrnehmende linke Auge aktiviert wird, begnügt sich nämlich mit einem Gesamteindruck des Wortes und findet die genauen Einzelheiten nicht weiter interessant! Der Spezialist für Details, die linke Gehirnhälfte, könnte hier natürlich helfen, sie wurde aber nicht durch beidäugiges Sehen dazu aufgefordert. Dieses „Desinteresse" an den Einzelheiten wird sich dann leider auch im Rechtschreiben bemerkbar machen: Da die genaue Schreibweise nicht wahrgenommen wurde, wird sie entsprechend auch nur ungenau wiedergegeben!

Lesen im homolateralen Muster

Nun sollte man natürlich nicht meinen, dass die Integration der Gehirnhälften die einzige Voraussetzung für das Lesen- und Schreibenlernen ist, aber sie ist ein grundlegend wichtiges Beispiel für ein frühkindlich erworbenes Muster, das natürliches und leichtes Lernen in Kindergarten und Grundschule ermöglicht.

Überkreuz und Überquer

Aufbauend auf den Erkenntnissen von Glenn Doman und Carl H. Delacato, dass Defizite aus der frühkindlichen Entwicklung zu einem späteren Zeitpunkt „nachreifen" können, entwickelten der Sonder-

Blockaden lösen und Defizite ausgleichen durch kinesiologische Übungen

pädagoge Paul Dennison und seine Frau Gail, die Begründer der Edu-Kinestetik, eine Fülle kinesiologischer Bewegungsübungen. Diese Übungen, BRAIN GYM®[1] genannt, sind einfach durchzuführen und sollen es Kindern jeden Alters ermöglichen, mit Spaß und Freude Entwicklungslücken zu schließen oder Bewegungsabläufe zu automatisieren. Dennison ging allerdings noch einen Schritt weiter: Auch die bereits ausgebildeten Basisfunktionen, die durch Stressfaktoren unterschiedlicher Art „blockiert" sind, können mit Hilfe dieser Übungen wieder in Fluss gebracht werden. So kommt es zum Beispiel häufig vor, dass durch Stressfaktoren unserer Zeit wie Überreizung oder Bewegungsmangel die linke und rechte Gehirnhälfte ihre Zusammenarbeit aufkündigen, gezielte Bewegungsübungen können dann helfen, diesen Stress abzubauen und „abgeschaltete" Hemisphären, Augen und Ohren wieder in Schwung zu bringen. Und das natürlich umso wirkungsvoller, je mehr wir uns zu einer bewussten Lebensweise entschließen! Es kann aber auch sein, dass ein Kind auf Grund von seelischem Kummer oder einem Schock in das homolaterale Muster zurückfällt, in einem solchen Fall können Sie es mit den Bewegungsübungen sehr gut unterstützen, werden aber vermutlich auch an Grenzen stoßen. In dem Kapitel „Grenzen als Wegweiser" (→ S. 114) erfahren Sie mehr über weitergehende Möglichkeiten, die über das pädagogische Umfeld hinausgehen. Wenn wir nun bei unserem Beispiel, der Ausbildung des Überkreuzmusters bleiben, ist es die bekannteste kinesiologische Übung, die Überkreuzbewegung, die sich zur Unterstützung dieses Bewegungs- und Denkmusters am besten eignet.

Ähnlich, wie das beim Krabbeln geschieht, wird bei der Überkreuzbewegung ein Arm mit dem jeweils gegenüberliegenden Bein zusammengeführt. Durch das Überkreuzen der Körpermittellinie werden beide Gehirnhälften aktiviert und ihre neuronale Vernetzung gefördert. Kinder, die das homolaterale Bewegungsmuster bevorzugen, können sich mit Hilfe der Überkreuzbewegung und anderer, verwandter Übun-

Kinesiologische Bewegungsübungen helfen Stress abzubauen.

---

[1] Brain Gym ist ein eingetragenes Markenzeichen. Die Rechte liegen beim Verlag für Angewandte Kinesiologie, Freiburg.

Homolaterale Bewegung, Überkreuzbewegung

gen das Überkreuzmuster aneignen und sich damit eine der wichtigsten Voraussetzungen für leichtes Lernen aufbauen.

Nach diesem Prinzip, nämlich der Erschaffung neuronaler Netzwerke durch „Verkabelung", wirken auch die übrigen Bewegungsübungen Paul Dennisons, die Sie im folgenden Praxisteil kennen lernen werden. Das Ziel der Übungen ist immer, ein solides physiologisches Fundament zu schaffen, auf dem das Kind dann sein Potenzial auf leichte und natürliche Weise entfalten kann. In erster Linie geht es also um Ausgleich und Prävention, wenn Sie die Übungen zu Hause oder in Ihrem pädagogischen Umfeld einsetzen, denn der Rattenschwanz von Lernproblemen und Schulschwierigkeiten, mangelndem Selbstbewusstsein und Verhaltensauffälligkeiten und der dann einsetzende „Therapiekreislauf" lassen sich in vielen Fällen vermeiden! Die Übungen, die in vielerlei Geschichten, Spiele und Lieder „verpackt" sind, machen Ihnen und den Kindern hoffentlich viel Spaß und regen Sie vielleicht auch zu neuen, eigenen Kreationen an!

Kinesiologische Bewegungsübungen dienen dem Ausgleich und der Prävention.

4. Durch Bewegung ins Gleichgewicht – die Praxis

Gymnastik für das Gehirn

12 Kinesiologische Basisübungen für den Kinderalltag

Die 12 kinesiologischen Bewegungsübungen dieses Kapitels sind als „Handwerkszeug" gedacht, das Sie durch den ganzen praktischen Teil dieses Buches begleiten wird. In den verschiedenen Spielen, Liedern und Geschichten werden Ihnen diese Übungen immer wieder begegnen, sie lassen sich aber auch einfach „pur" einsetzen. Auf der beiliegenden Karte finden Sie alle Bewegungsübungen noch einmal übersichtlich zusammengestellt. Folgende Übungen werden Sie in diesem Kapitel kennenlernen:

1. Gehirnknöpfe
2. Anschaltknöpfe
3. Überkreuzbewegung
4. Liegende Acht
5. Elefant
6. Simultanzeichnen
7. Eule
8. Denkmütze
9. Wadenpumpe
10. Energiegähnen
11. Positive Punkte
12. Cook Übung

Um Ihnen die Suche nach der Übung, die im Moment für das einzelne Kind, die Situation oder den Rhythmus der Gruppe am besten geeignet ist, zu erleichtern, ist jede Übung in folgende Abschnitte gegliedert:

- So wird's gemacht
- Ziele der Übung

- Variationen
- Spiele mit der Übung in diesem Buch
- Praxistipp

Die einfachste Methode, um sich mit den Übungen noch vertrauter zu machen, ist natürlich, sie an sich selber in den verschiedensten Situationen auszuprobieren (→ vgl. Kapitel „Und die Großen?", Seite 110). In den Fortbildungsseminaren für Kinesiologie wird ein Großteil des Stoffes durch Selbsterfahrung gelernt, und das hat viele Vorteile: Nicht nur die Kinder, sondern auch die Erwachsenen lernen ganzheitlich und mit allen Sinnen, tun sich selber etwas Gutes und wissen in der Arbeit mit den Kindern später dann umso genauer, was sie vermitteln möchten. Also nur Mut zum Lernen durch eigene Bewegung!

Praxistipp

- Führen Sie die Übungen nur so lange durch, wie sie den Kindern Spaß machen, und streuen Sie sie immer wieder einmal in den Tagesablauf ein: zum Tagesbeginn, zur Auflockerung zwischen den Unterrichtsstunden, nach konzentrierter Tätigkeit, vor den Hausaufgaben oder neuen Spielen, zur Beruhigung bei Aufregung und Konflikten oder zum Aufbau neuer Motivation!
- Manchmal zeigt eine Übung schon nach kurzer Zeit überraschende Wirkungen, in anderen Fällen ist es ratsam, bestimmte Übungen über einige Wochen oder Monate beizubehalten und die Entwicklung des Kindes zu beobachten.
- Auch wenn die Übungen für längere Zeit in Vergessenheit geraten sind, ist es gut, sie wieder aufleben zu lassen, wenn alte Muster wiederkehren oder es neue Situationen zu bewältigen gibt. Wir essen und trinken ja auch nicht nur einmal, um dann lebenslang satt zu sein!

1. Gehirnknöpfe

Durch Rubbeln der dem Nierenmeridian zugeordneten Akupunkturpunkte unterhalb des Schlüsselbeins und gleichzeitiges Halten des Bauchnabels wird die „Batterie" des Körpers aufgeladen und die beiden Gehirnhälften können besser zusammenarbeiten.

So wird's gemacht

Eine Hand auf den Bauchnabel legen.

Die andere Hand rubbelt mit dem Daumen auf der einen und den Fingern auf der anderen Seite die Akupunkturpunkte am Ende des Nierenmeridians. Sie liegen unter dem Schlüsselbein in einer Kuhle direkt rechts und links vom Brustbein.

Die Hände wechseln, d.h. die Hand, die vorher am Bauchnabel war, rubbelt jetzt die Punkte und umgekehrt.

Praxistipp
Die Gehirnknöpfe sind immer dann eine rasche und wirkungsvolle Übung, wenn die Mitarbeit beider Gehirnhälften gebraucht wird: bei nachlassender Aufmerksamkeit und Konzentration, vor neuen Spielen, vor Proben und Hausaufgaben. Sie sind, ebenso wie Wassertrinken, eine gute Vorübung für die Überkreuzbewegungen oder die Liegende Acht.

Ziele der Übung

- Fördert Entspannung und erhöht das Energieniveau.
- Verbessert die Kommunikation von rechter und linker Gehirnhälfte.
- Die Augen können besser zusammen arbeiten.

Spiele mit Gehirnknöpfen in diesem Buch

- Wer fährt mit?
- Mit Musik geht alles besser
- Durch den Urwald
- Im Land der Farben
- Und die Großen?

2. Anschaltknöpfe

Während die Gehirnknöpfe die Integration von rechter und linker Gehirnhälfte unterstützen, aktivieren die Anschaltknöpfe die Integration von oberen und unteren sowie von vorderen und hinteren Gehirnbereichen. Die Anschaltknöpfe haben sich als Ergänzung der Gehirnknöpfe sehr bewährt.

So wird's gemacht
Bauchnabel halten und Anschaltknöpfe oben-unten rubbeln: gleichzeitig mit dem Daumen unterhalb und den Fingern oberhalb der Lippen („Da, wo der Bart wächst.").
Bauchnabel halten und Anschaltknöpfe vorne-hinten rubbeln: mit vier Fingern ganz unten am Steißbein („Da, wo der Popo anfängt!").
Die Hände wechseln, d.h. die Hand, die vorher am Bauchnabel war, rubbelt jetzt die Punkte und umgekehrt.

Praxistipp
Die Anschaltknöpfe und die Gehirnknöpfe ergänzen sich so gut für die Integration des ganzen Gehirns, dass sich ihre Anwendung gleich im „Doppelpack" empfiehlt! Jüngere Kinder nehmen zur Erleichterung die ganze Hand und rubbeln die Punkte einfach großflächiger.

Ziele der Übung
- Verbesserte Kommunikation zwischen den verschiedenen Gehirnbereichen
- Gesteigerte Wahrnehmungsfähigkeit aller Sinne
- Bessere Koordination von Bewegungsabläufen

Spiele mit Anschaltknöpfen in diesem Buch
- Wer fährt mit?
- Mit Musik geht alles besser
- Durch den Urwald
- Im Land der Farben
- Und die Großen?

3. Überkreuzbewegungen

Bei dieser Übung, die aktivierend auf den ganzen Organismus wirkt, wird durch Überkreuzen der Körpermittellinie das „Anschalten" beider Hirnhälften gefördert. Augen, Ohren, Hände und Füße können dadurch gleichzeitig und integriert zusammenarbeiten.

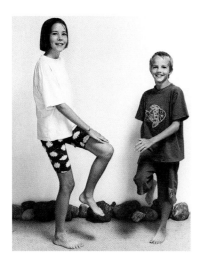

So wird's gemacht
Ausgangsstellung: lockerer Stand. Gleichzeitig rechten Arm und linkes Bein bewegen: die rechte Handfläche berührt das hochgezogene linke Knie.
Gleichzeitig linken Arm und rechtes Bein bewegen: die linke Handfläche berührt das hochgezogene rechte Knie.
Langsame Wiederholung der Bewegungen im Wechsel.

Ziele der Übung
- Wecken der Lebensgeister, Motivation für neue Unternehmungen
- Verbesserung der Links-Rechts-Koordination
- Zur Vorbereitung aller Tätigkeiten, für die das Überschreiten der Mittellinie mit den Augen gebraucht wird: Malen, Lesen, Schreiben
- Fördert das Zuhören und Verstehen

Variationen
- Beim Überkreuzen mit dem Ellbogen das Knie berühren
- Beim Überkreuzen mit der Hand den Fuß berühren
- Schuhplatteln: beim Überkreuzen die Fußsohle mit der Hand berühren

Praxistipp

Wasser trinken und Gehirnknöpfe rubbeln vor der Überkreuzbewegung erleichtern die Übung. Wenn Sie bemerken, dass sich ein Kind trotzdem schwer tut, z.B. den gleichen Arm und das gleiche Bein benutzt, statt zu überkreuzen, können Sie es noch weiter unterstützen: Führen Sie behutsam Knie und gegenüberliegende Hand des Kindes zusammen, bis der Körper das Bewegungsmuster übernimmt, im Liegen geht es noch leichter als im Stehen! Verstärken Sie entwicklungskinesiologische Übungen, vor allem Krabbeln (Seite 64f). Sollte sich auf spielerischem Weg der Erfolg nicht einstellen, erwägen Sie eine kinesiologische Einzelsitzung, um die vermutlich blockierte Verbindung der Gehirnhälften zu lösen.

- Überkreuzhüpfen: Arm und gegenüberliegendes Bein federnd nach oben bewegen
- Storchengang: Arm und gegenüberliegendes Bein langsam nach oben bewegen
- Alle Bewegungen im Stand oder durch den Raum
- Überkreuztanzen: alle Variationen kombinieren mit Musikbegleitung

Spiele mit Überkreuzbewegungen in diesem Buch

- Wer fährt mit?
- Es ist nie zu spät
- Mit Musik geht alles besser
- Durch den Urwald
- Auf dem Berge Sinai
- Ich fange dich
- Und die Großen?

4. Liegende Acht

Die Beschäftigung mit diesem Unendlichkeitssymbol erleichtert wie die Gehirnknöpfe und die Überkreuzbewegungen das Überqueren der Mittellinie und unterstützt dadurch die Integration der Gehirnhälften. Durch die intensiven Augenbewegungen werden das beidäugige Sehen und die Koordination von Hand und Augen geübt.

So wird's gemacht

Ausgangsstellung: lockerer Stand. Ein Arm wird nach vorne ausgestreckt, der aufgestellte Daumen ist genau in Augenhöhe in der Mitte. Die Liegende Acht wird nun nach rechts oder links oben beginnend groß in die Luft gemalt, die Augen folgen dabei dem Daumen, Kopf und Oberkörper bleiben ruhig.
Nach einigen Achtern den Arm wechseln, zum Schluss die Acht mit beiden Armen gleichzeitig malen, wobei die Daumen nebeneinander gehalten werden.

Ziele der Übung
- Verbesserte Beweglichkeit und Entspannung der Augenmuskulatur
- Integration des rechten und linken Sehfeldes (beidäugiges Sehen)
- Ausweitung des Sehfeldes (an den äußeren Rändern)
- Gute Übung für Lesen und Schreiben (Augenbewegung von links nach rechts, Koordination von Hand und Augen)
- Die Erfahrung einer unendlichen, fließenden Bewegung

Variationen

- Die Liegende Acht wird groß und in Augenhöhe der Kinder an die Tafel oder auf ein Plakat gemalt, die Kinder fahren sie mit den Fingern, Stöcken oder Stiften nach.
- Vorschul- und Schulkinder malen die Liegende Acht selber auf Zeichenblockblätter.
- Für Kindergartenkinder: Mit der Holzeisenbahn eine Liegende Acht bauen und sie mit der Lok abfahren.
- In einer Holzacht mit Spurrille eine oder mehrere Kugeln laufen lassen (→ Bezugsquelle siehe Serviceteil Seite 121)
- An Stöcken lange Stoffstreifen oder Seidenbänder festbinden und damit die Liegende Acht in die Luft zeichnen, eine sehr motivierende Übung.

Praxistipp

Wasser trinken und Gehirnknöpfe rubbeln vor der „Liegenden Acht" erleichtern die Übung. Bei jüngeren Kindern und solchen, denen das Überkreuzen der Mittellinie Schwierigkeiten bereitet, kann es passieren, dass sich der Mittelpunkt der Acht vor die rechte oder linke Körperhälfte verlagert. Bringen Sie den Mittelpunkt behutsam wieder in das Zentrum, indem Sie den Daumen zur Mitte hin ausrichten oder die Position des Kindes vor dem Papier oder der Holzacht verändern.

Spiele mit der Liegenden Acht in diesem Buch

- Es ist nie zu spät
- Mit Musik geht alles besser
- Durch den Urwald
- Ich fange dich
- Berühren und sich berühren lassen
- Und die Großen?

5. Elefant

Diese Übung ist eine Erweiterung der Liegenden Acht, in die das Hören mit beiden Ohren und die Entspannung der Nackenmuskulatur miteinbezogen wird.

So wird's gemacht
Ausgangsstellung: lockerer Stand mit leicht gebeugten Knien.
Den Kopf auf der linken Schulter ablegen, als ob er angeklebt wäre.
Den linken Arm nach vorne in die Mitte strecken als Rüssel.
Mit dem Rüssel eine liegende Acht in die Luft malen, hierbei darf sich der ganze Oberkörper mitbewegen.
Die Übung mit dem rechten Arm wiederholen.

Praxistipp
Obwohl diese Übung eher schwirig ist, mögen die Kinder sie, weil sie Elefanten lieben. Erinnern Sie die Kinder daran, dass der Rüssel immer wieder in die Mitte zurückkommt! Gut einsetzbar, um die Bereitschaft der Kinder zum Zuhören zu erhöhen, z.B. vor dem Erzählen einer Geschichte oder vor längeren Erklärungen.

Ziele der Übung
- Integration von Sehen, Hören und Bewegen des ganzen Körpers
- Steigerung des Gleichgewichtsgefühls
- Beidohriges Hören durch Überkreuzen der Mittellinie

Variationen
- Mit dem Rüssel einfache Motive malen
- Für Schulkinder: mit dem Rüssel neue Buchstaben, Wörter und Zahlen in die Luft malen

Spiele mit dem Elefant in diesem Buch
- Mit Musik geht alles besser
- Durch den Urwald
- Und die Großen?

6. Simultanzeichnen („Dirigieren")

Diese beidseitige Zeichenübung, die rechts und links der Mittellinie durchgeführt wird, unterstützt den Richtungs- und Orientierungssinn des Kindes. Wussten Sie, dass sehr viele berühmte Dirigenten ein gesegnetes Alter erreichen und dies u.a. mit den Dirigierbewegungen in Verbindung gebracht wird?

So wird's gemacht
Ausgangsstellung: lockerer Stand.
Mit beiden Armen spiegelbildlich gleiche Formen in die Luft malen („ein Orchester dirigieren") oder schwungvoll auf ein großes Papier an der Wand oder an die Tafel zeichnen.
Simultanzeichnen wird am besten durch die großen Arm- und Schultermuskeln erfahren, deshalb sollten die Kinder große Bewegungen machen. Falls Hilfe benötigt wird, können Sie hinter dem Kind stehen und ihm sanft die Arme führen.

SIMULTANZEICHNEN („DIRIGIEREN")

Um den Bezug zur Körpermittellinie herzustellen, können Sie einfache, große Bewegungen (z.B. ein Viereck oder einen Kreis) verbal begleiten: nach oben, nach unten, nach außen, nach innen.

Ziele der Übung
- Schulung des Bewusstseins von rechts und links
- Augen-Hand Koordination in verschiedenen Gesichtsfeldern
- Sich selbst als Zentrum erleben und sich von diesem Zentrum aus im Raum orientieren
- Von der Grobmotorik zur Feinmotorik: Erleichterung beim Buchstabieren, Schreiben und Rechnen

Variationen
- Ein Kinderlied oder ein kurzes klassisches Musikstück dirigieren
- Lange Stoffstücke oder Seidenbänder an Stöcke binden und damit dirigieren
- Malwerkzeug variieren: Filzstifte, Buntstifte, Wachsmalkreiden, Kreide

Spiele mit Simultanzeichnen in diesem Buch
- Mit Musik geht alles besser
- Ich fange dich
- Berühren und sich berühren lassen

Praxistipp
Bei dieser Übung geht es zunächst nicht darum, bestimmte Motive mit beiden Händen gleichzeitig zu malen, „kritzeln" ist erlaubt und erwünscht! Später können sich die Kinder natürlich an einer beidhändigen Zeichnung erproben.

7. Eule

Dies ist eine Selbsthilfeübung zur Dehnung und Entspannung der Nacken- und Schultermuskulatur. Sie erhöht die Blut- und damit die Energiezufuhr zum Gehirn und verbessert die Wahrnehmung, vor allem das Hören.

So wird's gemacht

Im Sitzen oder Stehen den Kopf zur rechten Schulter drehen, soweit es geht, dabei das Kinn auf einer Höhe halten.
Die Schultermuskulatur mit der linken Hand umfassen und zusammendrücken.
Nach einigen Wiederholungen lässt sich der Kopf noch weiter wenden, die Augen schauen nach hinten, der Atem fließt ruhig und tief.
Die Hand lösen, den Kopf langsam nach vorne fallen lassen, dadurch den Nacken strecken und ausatmen.
Die Übung auf der anderen Seite wiederholen.

Praxistipp
Die Eule ist eine gute Übung, die man schnell mal zwischendurch machen kann: nach einer Probe oder längerer Konzentration beim Schreiben oder Malen, bevor eine Geschichte erzählt wird oder wenn die Kinder bei einer Erklärung gut zuhören sollen.

Ziele der Übung
- Entspannung der Schulter- und Nackenmuskulatur nach langem Lesen, Schreiben oder Sitzen vor dem Computer
- Förderung der auditiven Wahrnehmung (zuhören, unterscheiden, im Gedächtnis speichern)
- Integration von Hören, Sehen und Körperbewegung

Variation
Mit seitlich gedrehtem Kopf die Eule rufen lassen: Uhuuu…

Spiele mit der Eule in diesem Buch
- Mit Musik geht alles besser
- Durch den Urwald
- Und die Großen?

8. Denkmütze

Werden die Ohren im Übermaß elektronischen Klängen aus Kopfhörern, Computern oder Videospielen ausgesetzt, reagieren sie häufig mit „Abschalten". Die Denkmütze aktiviert über 400 Akupunkturpunkte an den Ohren und lenkt auf diese Weise die Aufmerksamkeit des Kindes auf das Zuhören, die Ohren werden wieder „angeschaltet".

Praxistipp
Die Denkmütze lässt sich immer dann gut einbauen, wenn Sie mehr Aufmerksamkeit für das gesprochene Wort für wichtig halten: zu Beginn des Unterrichts oder des Morgenkreises, bei Ankündigungen oder Erklärungen, aber auch wenn die Kinder eine Geschichte erzählen oder ein Fingerspiel oder Gedicht auswendig lernen wollen.

So wird's gemacht
Die Ränder der beiden Ohren mit Daumen und Zeigefinger sanft von innen nach außen ziehen („ausfalten").
Oben an den Ohren beginnen, der Rundung des Ohres nach unten folgen bis zu den Ohrläppchen. Dreimal oder öfter wiederholen.

Ziele der Übung
- Erhöhte Aufmerksamkeit beim Zuhören, vor allem bei Sprache (Wahrnehmung, Unterscheidungsvermögen, Gedächtnis)
- Anschalten des inneren Ohres und des Gleichgewichtssinnes
- Erleichtertes Vorsprechen und Vorsingen durch Entspannung der Kiefer-, Zungen- und Gesichtsmuskulatur

Variation
Während der Denkmütze gähnen oder Vokale tönen lassen mit lockerem Unterkiefer: Aaaa …

Spiele mit der Denkmütze in diesem Buch
- Fließen und Strömen
- Mit Musik geht alles besser
- Im Land der Farben
- Und die Großen?

9. Wadenpumpe

Angesichts einer Bedrohung oder eines schwierigen Problems oder auch bei länger anhaltendem Stress verkürzen sich die Sehnen in Fuß und Unterschenkel instinktiv, um uns durch Rückzug oder „Totstellen" zu schützen (Sehnenkontrollreflex). Bei der Wadenpumpe werden die Sehnen gedehnt und dadurch ihre natürliche Länge wiederhergestellt, die Fähigkeit, ein Problem aktiv zu lösen, verbessert sich.

So wird's gemacht

Sich an der Wand oder auf einer Stuhllehne mit den Händen abstützen. In Schrittstellung gehen und das Gewicht auf den vorderen Fuß verlagern, das vordere Knie ist angewinkelt.
Das hintere Bein ist durchgestreckt, die Ferse ist vom Boden abgehoben, nur der Fußballen und die Zehen berühren den Boden.
Beim Ausatmen die Ferse auf den Boden drücken („pumpen"), dabei wird das Gewicht nach hinten verlagert und die Sehnen der Wade werden gedehnt.
Beim Einatmen die Ferse wieder vom Boden abheben.
Die Übung einige Male wiederholen, dann die Seiten wechseln.

Praxistipp
Diese Übung hat sich besonders bei Kindern bewährt, die sich generell oder auch nur in angespannten Situationen (z.B. Aufsatzschreiben, abgefragt werden) sprachlich schlecht ausdrücken können. Bei Konflikten unter den Kindern kann die Wadenpumpe sehr hilfreich sein („raus aus dem Stress"), besonders, wenn man danach noch die „Positiven Punkte" hält.

Ziele der Übung
- Statt Rückzug oder Totstellen: verbesserte Fähigkeit, ein Problem oder Stress aktiv zu lösen
- Verbesserung des sprachlichen Ausdrucks
- Unterstützung der Kommunikationsfähigkeit und der sozialen Kompetenz

Spiele mit der Wadenpumpe in diesem Buch
- Durch den Urwald
- Und die Großen?

10. Energiegähnen

Die Kiefergelenksmuskeln sind häufig die verspanntesten im ganzen Körper. „Zähne zusammenbeißen" schränkt aber unsere Wahrnehmung und unser Denken ein, denn sehr viele Nervenverbindungen zum Gehirn passieren das Kiefergelenk. Durch die sanfte Massage der Kiefergelenksmuskeln beim Energiegähnen kann der Gähnreflex ausgelöst werden und sich die Muskulatur entspannen.

So wird's gemacht

Durch leichtes Öffnen und Schließen des Mundes die Kiefermuskeln vor den Ohren erfühlen.
Diese Muskeln sanft massieren, während der Mund locker geöffnet ist.
Während der Massage entspannte Gähntöne von sich geben.
Stellt sich ein wirkliches Gähnen ein, darf ausgiebig gegähnt werden!

Praxistipp
Das Gähnen wird bei uns häufig als Unhöflichkeit interpretiert, dabei signalisiert der Körper durch das Gähnen nur seinen Wunsch nach Entspannung! Gähnen kann richtig ansteckend sein, genießen Sie also das gemeinsame herzhafte Gähnen, aber bitte Geduld, wenn es sich nicht sofort einstellt!

Ziele der Übung
- Durch Entspannung der Kiefermuskeln verbesserte Reizleitungen zum Gehirn
- Entspannteres Denken und Sehen
- Vertiefte Atmung
- Förderung von Selbstausdruck und Kreativität

Variationen
- Die Kiefermuskulatur sanft mit den Fingerspitzen beklopfen.
- Die Kiefermuskulatur nur mit locker geöffnetem Mund halten und warten, bis sich ein wirkliches Gähnen einstellt.

Spiele mit Energiegähnen in diesem Buch
- Fließen und Strömen
- Mit Musik geht alles besser
- Und die Großen?

11. Positive Punkte

Diese Haltepunkte auf der Stirn sind dem Magenmeridian zugeordnet. Die Redewendung „mir liegt etwas im Magen" beschreibt sehr gut, in welcher Gefühlslage die positiven Punkte hilfreich sein können. Durch das Halten der Stirnpunkte verlagert sich die Aufmerksamkeit auf die Stirnlappen des Gehirns, ein Bereich, der einen klareren Blick auf ein Problem ermöglicht.

So wird's gemacht

Mit den Fingern beider Hände sanft die Punkte auf der Stirn halten, sie liegen in der Mitte zwischen dem Haaransatz und den Augenbrauen, manchmal sind an dieser Stelle kleine Höcker (Stirnbeinhöcker).
Die Augen schließen. Wenn die Punkte im Sitzen gehalten werden, die Ellbogen auf dem Tisch abstützen.
An die belastende Situation oder das Problem denken und die Punkte so lange halten, bis man sich wohler fühlt und klarer sieht.

Praxistipp
Die Geste, sich an die Stirn zu fassen, wenn einem etwas Sorgen bereitet, ist wohlbekannt und wird auch von den Kindern instinktiv verwendet. Wohl auch deshalb greifen die Kinder das Halten der Positiven Punkte sehr gerne auf und verwenden es auch aus eigenem Antrieb, wenn sie unter Anleitung mehrmals gute Erfahrungen damit gemacht haben. Wenn sich die Kinder gegenseitig zu zweit oder in der Gruppe die Positiven Punkte halten, ist das ein schönes Beispiel für den fürsorglichen Umgang miteinander und stärkt das Selbstwertgefühl auch schwächerer Kinder.

Ziele der Übung

- Ereignisse, Menschen, Probleme unter einem veränderten Blickwinkel sehen können.
- Eine vernünftige Distanz entwickeln zu den eigenen negativen Gefühlen, statt „blind vor Angst oder Wut" zu sein.
- Lösen des „Bretts vor dem Kopf" bei Prüfungen oder Gedächtnisblockaden.

Variationen

- Sich gegenseitig mit einem Partner die Positiven Punkte halten.
- Während des Haltens der Punkte sich die Situation so vorstellen, wie man sie gerne hätte.
- Vor den Positiven Punkten eine andere stresslösende Übung einsetzen, z.B. die Wadenpumpe.

Spiele mit den Positiven Punkten in diesem Buch

- Durch den Urwald
- Im Land der Farben
- Und die Großen?

12. Cook Übung

Diese Übung ist sehr beruhigend und fördert die Motivation. Im ersten Teil sind Arme und Beine nach dem Muster der Liegenden Achten verschränkt, dadurch werden die Energiekreisläufe im Körper ausbalanciert. Im zweiten Teil werden durch das Berühren der Fingerspitzen beide Gehirnhälften aktiviert und emotionaler Stress abgebaut.

So wird's gemacht
Erster Teil
Die Arme seitlich ausstrecken und sie dann vor dem Körper zusammenführen, die Handrücken aneinander legen.
Die Arme überkreuzen und die Handflächen zusammenbringen.
Die Finger ineinander verschränken und sie mit einer Drehung nach unten bis vor die Brust bringen.
Die Füße überkreuzen.
Ruhig und tief atmen, in dieser Haltung mindestens 30 Sekunden bleiben oder bis man spürt, dass es genug ist.

Zweiter Teil

Die Füße nebeneinander stellen.

Die Arme anwinkeln, die Ellenbogen zeigen leicht nach außen. Die Hände so zusammenbringen, dass sich die Fingerspitzen etwa in Kinnhöhe berühren.

Ruhig und tief atmen, in dieser Haltung mindestens 30 Sekunden bleiben oder bis man spürt, dass es genug ist.

Ziele der Übung

- Beruhigung und Zentrierung, Abbau von emotionalem Stress
- Verbesserung der Motivation und des Selbstwertgefühls
- Erhöhte Aufmerksamkeit z.B. bei den Hausaufgaben oder einem neuen Thema

Variation

Die Übung kann im Stehen, Sitzen oder Liegen durchgeführt werden.

Spiele mit der Cook Übung in diesem Buch
- Wer fährt mit?
- Fließen und Strömen
- Durch den Urwald
- Und die Großen?

Erster Teil:

Die Elefanten Bimbo und Samba stehen im Urwald.	*Arme seitlich*	
Sie kommen neugierig zueinander.	*Handflächen vor dem Körper zusammen*	
Sie umarmen sich.	*Arme und Beine überkreuzen*	
Sie küssen sich.	*Die überkreuzten Hände ineinander verschränken*	
Und sie kommen zusammen zu mir.	*Verschränkte Hände an die Brust legen*	

Zweiter Teil:

Bimbo und Samba wollen jetzt gerne zusammenbleiben und lehnen sich aneinander.

Füße nebeneinander

Fingerspitzen zusammen

Praxistipp
Diese Geschichte hilft, die etwas kompliziert erscheinende Cook-Übung schnell zu erlernen.

Vom Quell des Lebens

Wasser unterstützt Lernen und Denken

Wasser ist nicht nur der Quell unseres Lebens, sondern unterstützt auch in besonderem Maße Lernen und Denken. Machen Sie es sich zur Gewohnheit, kinesiologische Bewegungsübungen mit Wassertrinken zu kombinieren!

Unser Körper besteht bis zu 70% aus Wasser und ist absolut abhängig davon, dass die Quelle auch weitersprudelt. Ohne Nahrung können wir 60 Tage überleben, ohne Flüssigkeit hingegen nur 4–5 Tage. Wasser ist die Grundlage aller biologischen Vorgänge im Körper. Als Grundbestandteil von Blut und Lymphe bringt es Nährstoffe und Sauerstoff in jede Zelle und transportiert Schadstoffe ab. Die Funktion sämtlicher Organe wäre ohne Wasser nicht denkbar, dies gilt besonders ausgeprägt für das Gehirn: der Wasseranteil wird hier sogar auf bis zu 90% seines Gewichts geschätzt! Die elektrischen und chemischen Vorgänge zwischen dem Gehirn und dem Nervensystem, also die physiologische Basis von Lernen und Bewegung, können nur dann optimal funktionieren, wenn der Wasserhaushalt des Körpers ausgeglichen ist.

Man könnte meinen, dass der Körper aktiv für den Nachschub dieses Lebenselexiers sorgt, aber leider ist oft das Gegenteil der Fall. Während Kleinkinder meist noch viel Durst haben und entsprechend viel trinken, werden die Durstbotschaften des Körpers mit zunehmendem Alter häufig ignoriert und dadurch immer schwächer. Bei erschreckend vielen Kindern und Erwachsenen besteht eine chronische Unterversorgung des Körpers mit Wasser. Von ärztlicher Seite wird immer wieder auf ausreichendes Trinken für die Gesunderhaltung des Körpers hingewiesen, die Zusammenhänge zwischen Lern- und Verhaltensproblemen und dem Wasserhaushalt des Körpers sind aber leider noch nicht allgemein bekannt. Antriebslosigkeit und Müdigkeit, Konzentrationsschwäche und Aufmerksamkeitsstörungen, Hyperaktivität oder Lernblockaden – alle diese Probleme können u.a. Folgen ungenügender Wasserversorgung sein! Der Flüssigkeitshaushalt bei Kindern gerät schnell durcheinander, da sie dauernd in Bewegung sind und viel Wasser umsetzen, das rasch wieder erneuert werden muss. Im Hinblick auf eine ganzheitliche gesunde Entwicklung des Kindes ist es

Mit zunehmendem Alter werden die Durstbotschaften des Körpers ignoriert. Die Folge ist eine chronische Unterversorgung des Körpers mit Wasser.

daher sehr lohnend, den Durstsignalen des Körpers von Anfang an viel Aufmerksamkeit zu schenken und so die natürlichen Durstgefühle zu erhalten!

Damit der Quell des Lebens weitersprudeln kann, braucht der Körper also ständig Nachschub, die Frage ist nur, was eignet sich dazu am besten? Die Antwort liegt klar auf der Hand: schlicht und einfach Wasser! Ob Sie sich dabei für Mineralwasser, Trinkwasser in Flaschen oder qualitativ gutes Leitungswasser entscheiden, ist dann relativ zweitrangig und eher eine Frage des Geschmacks oder des Geldbeutels. Wasser und die natürlicherweise in ihm gelösten Mineralien gleichen sofort und optimal angepasst den Flüssigkeitshaushalt des Körpers aus.

Wasser eignet sich als Durstlöscher am besten!

Praxistipp

0,7 – 1 Liter klares Wasser von Kindern über den Tag verteilt getrunken sichert ihren Flüssigkeitsbedarf auf gesunde und natürliche Weise. Bei Erwachsenen wird unter normalen Umständen empfohlen, täglich ca. 2% des Körpergewichts zu trinken (Beispiel: 60kg = 1,2 l). Diese Menge sollte bei Stress, Krankheit, körperlicher oder geistiger Anstrengung ohne weiteres verdoppelt werden.

Fruchtsäfte gehören eher zu den Lebensmitteln.

Wie sieht es nun aber mit anderen Getränken aus? Einige von ihnen, z.B. Fruchtsäfte, sind vom Ernährungsstandpunkt her ja durchaus gesund. Durch ihre Nähr- und Inhaltsstoffe verbleiben sie aber zu lange zur Verdauung im Magen und man sollte sie daher eher den Lebensmitteln zurechnen als den Flüssigkeitsspendern. Bei gesüßten Früchte- oder Kräutertees sieht es ähnlich aus, sie sind als geschmackliche Abwechslung willkommen, aber nur bedingt auf der positiven Seite des Flüssigkeitskontos zu verbuchen. Cola und Limonaden hingegen sind ungeeignete Getränke für Kinder, da sie neben einem sehr hohen Zuckeranteil viele künstliche Zusätze und Farbstoffe enthalten, die den Organismus eher belasten, als ihn zu unterstützen.

Ein Wort noch zu den Getränken der Erwachsenen: Kaffee und Schwarzer Tee wirken harntreibend und dadurch entwässernd, gleichen Sie also jede Tasse Kaffee mit einem Glas Wasser aus, wie das in südlichen Ländern eine Selbstverständlichkeit ist! Mit Alkohol verhält es sich ähnlich, um ihn zu verarbeiten, verbraucht der Körper eine Menge Wasser, was sich bekanntermaßen als Nachdurst äußert.

Praxistipp

- Integrieren Sie „Wassertrinken" in Ihren eigenen und den Tagesrhythmus der Kinder, stellen Sie zu den Mahlzeiten, in den Pausen und für zwischendurch immer Wasser in handlichen Flaschen oder Kannen bereit. Kinder lernen dadurch, ihre Durstgefühle nicht aufzuschieben, sondern ihnen jederzeit Beachtung zu schenken.
- In vielen Schulklassen, Kindergärten und Haushalten hat es sich bereits eingebürgert, einen Sodawasserbereiter aufzustellen, zu dem die Kinder freien Zugang haben. Das macht Spaß, spart Kosten und das Schleppen schwerer Mineralwasserkästen.
- Lassen Sie die Verbindung von „Lernen" und „Wassertrinken" zur Gewohnheit werden, indem Sie vor neuen Aufgaben, Proben oder Hausaufgaben zum Wasserglas greifen oder die Übung „Lokomotive" (vgl. nachfolgendes Kapitel) mit den Kindern durchführen.

Wer fährt mit?

Ziele: Die Lokomotive macht ordentlich Dampf und bringt Kinder und Erwachsene in kurzer Zeit in Schwung! Einsteigen können alle, die:
- schnell fit werden wollen fürs Lernen
- Energie tanken wollen für neue Aktivitäten
- sich motivieren und konzentrieren wollen

Mit der Lokomotive in drei Minuten hellwach

So wird's gemacht

„Die Lokomotive will losfahren. Wer fährt mit?"
Damit sie richtig losdampfen kann, braucht sie Wasser: Wasser trinken.
Um in Schwung zu kommen, braucht sie Energie: Gehirnknöpfe und Anschaltknöpfe rubbeln.
Nun fährt sie munter los: Überkreuzbewegungen mit Variationen.
Wir setzen uns jetzt gemütlich hin und genießen die Reise: Cook Übung.

Alter: 4 – 99 Jahre
Sozialform: als Einzel-, Partner- oder Gruppenarbeit möglich

Praxistipp

Zeichnen oder kleben Sie die Lokomotive mit den Kindern auf ein großes Papier und hängen Sie sie auf, dann denken alle öfter daran, mal kurz auf Reisen zu gehen!

Es ist nie zu spät

Entwicklungskinesiologische Übungen und Spiele

Wie im Kapitel „Durch Bewegung ins Gleichgewicht – die Theorie" (→ S. 19) beschrieben, laufen die Entwicklungsschritte des Kindes in seinem ersten Lebensjahr in genau festgelegter Reihenfolge ab und bauen aufeinander auf. Wird diese Entwicklung unterbrochen oder ein Entwicklungsschritt ausgelassen, so ist das Fundament für die weitere Entwicklung im Ungleichgewicht. Das Kind muss dann eine Menge Energie mobilisieren, um die Defizite der vorangegangenen Entwicklungsschritte auszugleichen, und das ist für das Kind unnötiger Stress! Im Schulalter zeigen sich solche Defizite dann häufig als Lernstörungen oder Teilleistungsschwächen. Das bekannteste Beispiel hierfür, das Auslassen der Krabbelphase, wurde schon beschrieben, andere Beispiele sind der Pinzettengriff und der Zangengriff als Voraussetzung für die spätere unverkrampfte Stifthaltung oder die Augenbewegungen in alle Richtungen als Voraussetzung für Schreiben und Lesen.

In der Entwicklungskinesiologie nach Renate Wennekes und Angelika Stiller werden diejenigen Entwicklungsschritte herausgefunden, die nur unzureichend ausgereift sind, und das Kind kann sie mit gezielten Übungen nachholen. Aber auch einfach nur im spielerischen Umgang mit frühkindlichen Bewegungen ist es möglich, Bewegungsabläufe noch einmal zu wiederholen und so versteckte Defizite „aufzupolieren". Vor allem Kindergartenkindern macht es viel Spaß, noch einmal „Baby" spielen zu dürfen, Grundschulkinder finden eher Gefallen an den verschiedenen Krabbelspielen.

Klein, aber oho – Baby spielen

So wird's gemacht

Alter: 3–6 Jahre
Sozialform: als Einzel-, Team oder Gruppenarbeit möglich
Material: Babyspielzeug, Matten, Kissen oder Polster

Das Babyspielen lässt sich in den Turnunterricht integrieren, ist aber auch gut als Spiel für zwischendurch geeignet. Nicht zuviel auf einmal, die einzelnen Phasen individuell dosieren, je nachdem, was gebraucht wird und den Kindern Spaß macht. Greifen, Augenbewegungen und Hochziehen sind gut geeignet als Partnerübungen, wobei natürlich die Rollen von Baby und Mutter gewechselt werden!

1. – 3. Monat, Rückenlage

- Das Baby nimmt Daumen und Finger in den Mund und saugt daran, es fühlt sie mit den Lippen und der Zunge (Hand-Mund-Koordination).
- Es bewegt sich noch nicht viel. Aber es kann schon mit den Augen dem Spielzeug nachschauen. Augenbewegungen nach rechts und links, nach oben und unten, im Kreis in beide Richtungen.
- Es greift mit der ganzen Hand nach einem Spielzeug (Augen-Hand-Koordination, greifen nach dem Spielzeug auch über Kreuz!).
- Es lässt sich knuddeln, liebkosen und massieren.
- Es lässt sich in der Hängematte oder in einer großen Decke wiegen.

4. – 6. Monat, Rückenlage

- Das Baby spielt mit seinen beiden Händen (Hand-Hand-Koordination).
- Es spielt mit seinen Füßen (Hand-Fuß-Koordination).
- Es ertastet verschiedene Spielzeuge mit dem Mund und mit den Händen.

4. – 6. Monat, Bauchlage

- Das Baby stützt sich schon auf die Unterarme und greift nach verschiedenen Spielzeugen (überkreuz und mit rechtem Arm nach rechts, mit linkem Arm nach links, deshalb Spielzeug sowohl rechts als auch links vom Kind hinlegen).
- Drehen. Das Baby rollt sich von der Bauch- in die Rückenlage (über die linke und die rechte Körperseite drehen lassen).

7. – 10. Monat, Bauchlage

- Das Baby nimmt zwei Spielzeuge gleichzeitig in die Hände und schlägt sie gegeneinander.
- Es greift nach kleineren Gegenständen mit dem Pinzettengriff (Daumen und gestreckter Zeigefinger, überkreuz und mit rechtem Arm nach rechts, mit linkem Arm nach links, deshalb Gegenstände sowohl rechts als auch links vom Kind hinlegen).
- Robben, krabbeln, Bärengang: Das Baby will jetzt vorwärts kommen! Es robbt, indem es sich mit Armen und Beinen vorwärts und rück-

wärts zieht, es kriecht über Matten und Polster, der Bauch bleibt dabei noch auf dem Boden.
- Es stemmt sich hoch und krabbelt im Vierfüßlerstand auf Knien und Händen, es krabbelt vorwärts und rückwärts, über Polster und Treppen.
- Es läuft wie ein Bär auf allen Vieren über Hindernisse, Leitern und Treppen (Arme und Beine sind dabei durchgestreckt).
- Sitzen: Das Baby sitzt jetzt stabil, nimmt die Füße in die Hände und spielt damit.
- Es streckt im Sitzen Arme und Beine weg und schaukelt auf seinem Popo.

10. – 13. Monat

Hochziehen: Das Baby möchte auf zwei Beinen stehen. Es zieht sich an anderen Kindern, der Sprossenwand oder stabilen Möbeln hoch.
Sitzen: Das Baby sitzt mit ausgestreckten Beinen und greift mit dem Zangengriff nach kleineren Gegenständen (Daumen und gekrümmter Zeigefinger, überkreuz und mit rechtem Arm nach rechts, mit linkem Arm nach links, deshalb Gegenstände sowohl rechts als auch links vom Kind hinlegen).

Krabbelspiele

Alter: 3 – 10 Jahre
Sozialform: Gruppenspiel

Krabbeln ist das A und O der Bewegungsentwicklung, Kinder bis ins Grundschulalter sollten ausgiebig krabbeln! Viele der bekannten Laufspiele lassen sich in Krabbelspiele umwandeln, hier nur einige Anregungen:

Feuer, Wasser, Erde

Dieses Spiel bietet vielfache frühkindliche Bewegungsmöglichkeiten. Die Kinder bewegen sich frei durch den ganzen Raum, vorher wird besprochen, was auf Zuruf der einzelnen Elemente zu tun ist, zum Beispiel: **Feuer:** Krabbeln; **Wasser:** Robben oder Kriechen (in Bauchlage);

Erde: Drehen (von Rücken- in Bauchlage); **Luft:** Rennen; **Stein:** Erstarren (in der jeweiligen Bewegung).

Der Fuchs geht um

Die Kinder sitzen im Kreis und singen dazu:
„Schau dich nicht um, schau dich nicht um, der böse, böse Fuchs geht um! Wer sich umdreht oder lacht, dem wird der Buckel blau gemacht!"
Der Fuchs krabbelt außen um den Kreis mit einem geknoteten Tuch, lässt das Tuch heimlich hinter einem Kind fallen und krabbelt ruhig weiter, als sei nichts geschehen. Bemerkt das Kind das Tuch hinter sich, krabbelt es mit dem Tuch hinter dem Fuchs her und versucht, den Fuchs abzuschlagen, bevor er den leergewordenen Platz erreicht. Wird der Fuchs abgeschlagen, muss er wieder Fuchs sein, kann er sich retten, so ist der Verfolger dran. Bemerkt ein Kind das Tuch hinter seinem Rücken nicht, klopft ihm der Fuchs nach seiner Runde auf den Rücken und das Kind ist der nächste Fuchs.

Elefantenreiten

Zwei Kinder krabbeln eng nebeneinander langsam und vorsichtig vorwärts. Ein drittes Kind liegt erst bäuchlings, dann rücklings auf den Rücken der Kinder und lässt sich gemütlich hin- und herschaukeln.

Verzaubern

Die Kinder krabbeln im Raum umher, gejagt von einem krabbelnden Zauberer. Wer vom Zauberer abgeschlagen wird, ist versteinert und wird erst erlöst, wenn ein anderes Kind unter ihm durchkriecht oder durchrobbt. Die Rolle des Zauberers öfter auswechseln.

Schwarzer Mann

Auf der einen Seite des Raumes ist auf allen Vieren der Schwarze Mann, ihm gegenüber alle anderen Kinder.
Schwarzer Mann: Wer fürchtet sich vorm schwarzen Mann?
Kinder: Niemand!
Schwarzer Mann: Und wenn er aber kommt?
Kinder: Dann krabbeln wir davon!

Damit krabbeln die Kinder zur gegenüberliegenden Seite und der schwarze Mann versucht, ein Kind abzuschlagen. Gelingt ihm das, krabbelt das Kind bei ihm als Helfer mit. So wechseln beide Mannschaften immer wieder durch den Raum, bis nur noch ein Kind übrig bleibt: der neue schwarze Mann!

Hase im Kohl

Jeweils drei oder vier Spieler sitzen in kleinen Kreisen auf dem Boden, die Kreise sind die Kohlköpfe. In jedem Kohlkopf sitzt ein Hase. Der Fuchs jagt krabbelnd einen überzähligen Hasen durch den Raum, bis der Gejagte in einen Kohlkopf krabbelt und dort Unterschlupf findet. Der in diesem Kohlkopf wohnende Hase muss herauskrabbeln und wird vom Fuchs weiterverfolgt. Wer abgeschlagen wird, ist der neue Fuchs!

Krabbel mit!

Die Kinder sitzen im Kreis, ein Kind krabbelt außen herum, klopft einem im Kreis sitzenden Kind auf den Rücken und fordert es auf: „Krabbel mit!" Wahlweise auch: „Renn mit!", „Kriech mit!", „Hüpf mit!", „Geh mit!" oder was den Kindern sonst noch einfällt. Dann beginnt die Verfolgungsjagd einmal um den Kreis herum bis zum leeren Platz. Der Sieger setzt sich hin, der andere setzt das Spiel fort.

Praxistipp

Setzen Sie frühkindliche Bewegungen immer dann ein, wenn kinesiologische Bewegungsübungen nur schwer gelingen. Gibt es Schwierigkeiten mit der Überkreuzbewegung, lassen Sie das Kind als Vorstufe krabbeln. Gelingen die Liegende Acht oder der Elefant nur mühsam, üben Sie beim Baby-Spielen verstärkt die Augenbewegungen und das Greifen über die Mittellinie. Findet das Kind nur schwer die Ohren bei der Denkmütze oder die verschiedenen Anschaltknöpfe am eigenen Körper, lassen Sie es in Rückenlage Hände und Füße mit dem Mund ertasten und mit beiden Händen den eigenen Körper erforschen. Massieren und knuddeln Sie es viel.

Fließen und Strömen

Ohne den frei fließenden Atem, wie er uns allen in die Wiege gelegt wurde, ist eine ganzheitliche und natürliche Entwicklung nicht denkbar. In der Kinesiologie stellt er einen entscheidenden Baustein der Förderung dar. Wenn wir davon ausgehen, dass Bewegung das Tor zum Lernen ist, wird schnell deutlich, wie wichtig dabei das Atmen ist: Kinder, die sich viel bewegen, haben von sich aus eine vertiefte Atmung und versorgen dadurch ihr Gehirn und den ganzen Körper mit genügend Sauerstoff. Damit ist eine wichtige Grundvoraussetzung für gesundes körperliches und geistig-seelisches Wachstum erfüllt. Kinder, deren Bewegungsdrang gehemmt wird oder gehemmt ist, können eine flache oder gestaute Atmung entwickeln, die Sauerstoffzufuhr wird dadurch reduziert. Ein Rattenschwanz eingeschränkter Entwicklungen, z.B. der Motorik, der Gehirnfunktionen, der Sprachentwicklung und auch der seelischen Grundstimmung kann die Folge sein. Auch ein anderer Faktor kann das „Leben in vollen Zügen" beeinflussen: Stress jeder Art. Der bekannte Mechanismus, angesichts einer Bedrohung den Atem anzuhalten, kann sich bereits im Mutterleib übertragen oder bei einer schwierigen Geburt ausgelöst werden. Bei länger anhaltender Bedrohung, z.B. bei chronischem Stress, wird dieser Mechanismus zur Gewohnheit . Da unsere Kinder ständig wachsendem Stress ausgesetzt sind, nimmt leider auch die Zahl der „Luftanhalter" unter den Kindern stetig zu.

Wie aber lässt sich die gesunde Atmung bei den Kindern unterstützen? Zunächst einmal, indem man ein Augenmerk auf den kindlichen Atem legt. Viel Herumspringen und sportliche Betätigungen, Blasinstrumente, Pfeifen, Luftballons und Seifenblasen sind wunderbare Möglichkeiten, den Atem auf spielerische Weise anzuregen. Der alte Grundsatz, dass Kinder durch spielerisches Erproben lernen, bewahrheitet sich auch hier, denn der Atem ist zunächst ein vorwiegend unbewusstes Geschehen und reagiert auf gut gemeinte Worte nur unwillig. Spielerische Atemübungen, ohne Anstrengung und situationsangepasst über den Tag verteilt, geben den Kindern die Möglichkeit einer positiven Atemerfahrung, auf die ihr Körper dann zurückgreifen kann.

Aufmunternde und beruhigende Spiele rund um das Atmen

Sport und Spiel regen die gesunde Atemtätigkeit an.

Die hier vorgeschlagenen Spiele beschränken sich dabei auf folgende Schwerpunkte:
- Erweiterung der oberflächlichen Brustatmung auf den Bauchraum: durch die Bauchatmung vertieft sich der Atem und gelangt bis in die Lungenspitzen, die Sauerstoffzufuhr wird erhöht, das Zwerchfell entspannt sich.
- Intensivierung des Ausatems: durch Tongebung wird das Ausatmen intensiviert, die Lungen entleeren sich besser, das Einatmen ist ein „geschenkter Atem", es setzt verstärkt und von selber ein.
- Lösen von Gelenkspannungen: die Beweglichkeit der Gelenke (z.B. Kiefergelenk, Hand- und Fußgelenke, Becken) hängt eng mit der Beweglichkeit des Atems zusammen, daher unterstützen lösende Bewegungen das Atemgeschehen.

Praxistipp

Im Idealfall sollte durch die Nase ein- und ausgeatmet werden, bei Übungen, die das Ausatmen betonen: einatmen durch die Nase, ausatmen durch den Mund. Dies lässt sich jedoch nicht immer bei allen Kindern erreichen.

Es genügt, die vorgeschlagenen Übungen jeweils 3–6 mal durchzuführen, um weder Atem noch Stimme zu überfordern.

Am besten können die Atemspiele ihre Wirkung entfalten, wenn sie immer wieder einmal im Laufe des Tages je nach Bedarf (Zentrierung, Aktivierung, Beruhigung) und Situation eingesetzt und zusammengestellt werden.

Das Kätzchen erwacht

Sozialform: Einzel- oder Gruppenübung im Liegen, Sitzen oder Stehen.

Wie eine Katze nach ihrem Mittagsschlaf räkeln sich die Kinder, dehnen ihren Oberkörper und strecken ihre Arme und Beine in alle Richtungen. Begleitet wird die Räkelei von einem lösenden Aaaaa…, der Mund ist weit, aber locker geöffnet, das Kiefergelenk entspannt. Hierdurch werden Spannungen abgebaut und die Tiefenatmung angeregt.

Wenn sich dann ein herzhaftes Gähnen breitmacht, ist das Ziel der Übung erreicht!

Energiegähnen

Ein Muntermacher! Das Kind beklopft bei leicht geöffnetem Mund mit den Fingerkuppen sanft die Muskulatur über dem Kiefergelenk. Durch diese Bewegung wird häufig der „Gähnreflex" ausgelöst, das Zwerchfell entspannt sich und die Lungen nehmen mehr Sauerstoff auf (vgl. Seite 51).

Sozialform: Einzel- oder Gruppenübung im Sitzen oder Stehen.

Den Atem erfahren

Einzelübung: Langsam ein- und ausatmen, dabei die Hände auf die Brust, an die Rippen und auf den Bauch legen. Wo kannst du den Atem fühlen, was geschieht beim Einatmen und was beim Ausatmen?

Partnerübung: Zwei Kinder setzen oder stellen sich hintereinander, einer legt seine Hände sanft auf den Rücken des Partners und fühlt, an welchen Stellen er den Atem spüren kann.

Sozialform: Einzel- oder Partnerübung im Sitzen oder Stehen.

Die Bauchatmung

Einzelübung: Das Kind liegt auf dem Rücken, die Hände werden auf den Bauch gelegt. „Stell dir jetzt vor, dein Bauch ist ein Luftballon! Beim Einatmen wird der Luftballon mit Luft gefüllt und der Bauch wird dick, du kannst spüren, wie sich deine Hände heben. Beim Ausatmen strömt die Luft aus dem Luftballon hinaus und dein Bauch wird dünn, du kannst spüren, wie sich deine Hände senken."

Partnerübung: Ein Kind liegt auf dem Boden, der Partner sitzt neben ihm und legt seine Hände auf dessen Bauch. Beim Einatmen des liegenden Kindes lässt der Partner die Hände ganz leicht werden, beim Ausatmen übt er einen sanften Druck auf den Bauch aus. Mit dieser Übung kann man vor allem als Erwachsener ein Kind gut bei der Bauchatmung unterstützen. Es kann eine sehr schöne gemeinsame Erfahrung sein, wenn Sie Ihren eigenen Atemrhythmus dem des Kindes anpassen.

Sozialform: Einzel- oder Partnerübung in Rückenlage

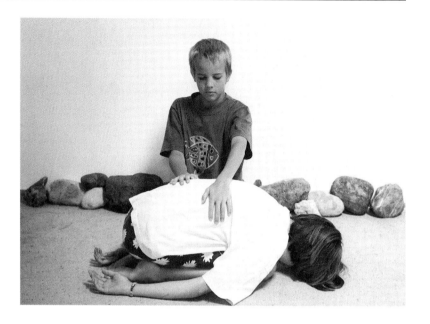

Partnerübung/Variation: Ein Partner liegt mit angezogenen Knien zusammengekauert auf dem Boden („Ein Päckchen machen") und atmet tief ein und aus. Der andere Partner sitzt neben ihm und spürt mit seinen Händen, wie der Rücken sich beim Atmen ausweitet und zusammenzieht.

Tiger & Co

In den folgenden, anregenden Atemspielen geht es zum Vergnügen der Kinder um Tiere, ihre Bewegungen und ihre Laute. Durch die Verknüpfung mit der Stimme wird der Ausatem intensiviert, gleichzeitig werden spielerisch Atemausdauer, Mundmuskulatur und Lautartikulation geübt. Die Bewegungen der Hände und Finger unterstützen das Atemgeschehen.

Sozialform: Einzel-, Partner- oder Gruppenübung im Fersensitz oder im Stehen

Tiger: Der Tiger faucht laut beim Ausatmen „Chchchch…", gleichzeitig bewegt er seine Pranken mit den scharfen, gekrümmten Krallen von oben nach unten, als würde er sie an einem Baum wetzen. Beim Einatmen entspannt er Gesicht und Hände wieder.

Wird dieses Spiel als Partnerübung durchgeführt, ist es natürlich besonders beliebt, hier gilt aber die Regel, dass sich die Tiger nicht berühren!

Löwe: Der Löwe streckt beim Ausatmen die Zunge weit heraus, reisst die Augen auf und brüllt „wAAAAA…", gleichzeitig spreizt er seine Krallen weit auseinander und verlagert sein Gewicht nach vorne. Beim Einatmen entspannt er Gesicht und Hände wieder. Für die Partnerübung gilt die gleiche Regel wie beim Tigerspiel!

Biene: Die Biene summt beim Ausatmen mit wechselnder Lautstärke „Sssss...", gleichzeitig hält das Kind eine imaginäre Biene zwischen Daumen und Zeigefinger einer Hand und lässt sie durch die Luft fliegen. Wie lange kann sie summen und fliegen? Beim Einatmen hält die Biene still.

Kuhherde: Beim Ausatmen sind die Kühe mit lauter und tiefer Stimme zu hören „Muuuuu...", gleichzeitig bewegen sie die senkrecht nach oben gestellten Handflächen nach vorne, als wollten sie etwas von sich wegschieben, das Gewicht wird dabei nach vorne verlagert. Beim Einatmen zurück in die Ausgangshaltung gehen.

Wechselatmung durch die Nase

Durch diese wechselseitige Atmung werden die Gehirnhälften zu verstärkter Aktivität angeregt, Entspannung und Konzentration verbessern sich.

Das rechte Nasenloch leicht zuhalten, durch das offene linke Nasenloch einatmen. Das linke Nasenloch zuhalten, durch das offene rechte Nasenloch ausatmen. 3× wiederholen.

Alter: 6–10 Jahre, braucht etwas Übung

Der Baum

Alter: 6–10 Jahre
Sozialform: Einzel-, Partner- oder Gruppenübung im Sitzen, die Augen sind geschlossen.

Bei dieser Fantasiereise geht es um Vertiefung und Verlagerung des Atems nach unten. Sie wirkt beruhigend und entspannend und eignet sich daher gut als Übung im Anschluss an Tiger & Co oder immer dann, wenn Ruhigwerden und Zentrierung angestrebt sind.

Zur Einstimmung auf diese eher meditative Fantasiereise eignen sich die folgenden kinesiologischen Bewegungsübungen gut: Denkmütze, Energiegähnen und Cook Übung, alle drei sind im Sitzen durchführbar.

„Atme sanft ein und aus. Stell dir jetzt vor, du bist ein Baum. Vielleicht bist du alt und groß mit einer dicken Rinde, vielleicht bist du aber auch ein junger, schlanker Baum, der sich außen ganz glatt anfühlt. Schau dich um und sieh, wo du stehst. Ist es mitten im Wald oder auf einer Blumenwiese? Wenn du genau hinhörst, kannst du vielleicht hören, wie deine Blätter rauschen oder wie die Vögel zwitschern, die in deinen Zweigen nisten. Es ist gerade Sommer und du kannst fühlen, wie ein warmer Wind deine Äste sanft bewegt. Geh jetzt den Stamm hinunter zu deinen Wurzeln und spüre, wie du mit jedem Ausatmen schwerer und schwerer wirst und immer tiefer in die Erde hinein sinkst. Stell dir vor, dass jedes Mal, wenn du ausatmest, die Luft durch deine Fußsohlen in deine Wurzeln strömt. Mit jedem Ausatmen werden die Wurzeln länger und kräftiger und wachsen immer tiefer in die Erde hinein. Es sind große, dicke Wurzeln, von denen viele kleinere und zartere Wurzeln abzweigen und die dich fest im warmen Boden halten. Atme ruhig weiter – ein und aus. Wenn du jetzt langsam deine Arme hochstreckst, kannst du fühlen, wie sie sanft vom Wind hin- und herbewegt werden. Du freust dich über den Wind und die Sonne in deinen Ästen. Gleichzeitig spürst du, wie deine Wurzeln dich gut und sicher in der Erde halten. – Nun verabschiede dich langsam von deinem Baum und komm wieder in deinen Körper zurück. Lass die Arme sinken und spüre deine Füße, wie sie auf dem Boden stehen.

Wenn du dich jetzt ein bisschen bewegst, kannst du merken, wie fest und sicher der Boden dich trägt. Zum Schluss räkelst und streckst du dich wie eine Katze und machst langsam die Augen wieder auf!"

Mit Musik geht alles besser

Lieder begleiten kinesiologische Bewegungsübungen

Jetzt tanzt Hampelmann

Melodie: volkstümlich, Text: Barbara Innecken

	Bewegungsübung:
1. Jetzt tanzt Hampelmann, jetzt tanzt Hampelmann, über Kreuz und überquer!	*Überkreuzbewegung*
Refrain: O du mein Hampelmann, mein Hampelmann, mein Hampelmann. O du mein Hampelmann, mein Hampelmann bist du!	*entsprechende Bewegung fortsetzen*
2. Jetzt zieht Hampelmann, jetzt zieht Hampelmann, sich seine Ohren lang. *Refrain:* O du mein Hampelmann…	*Denkmütze*
3. Jetzt rollt Hampelmann, jetzt rollt Hampelmann, mit seinen Augen rum. *Refrain:* O du mein Hampelmann…	*Augenkreisen, rechts- herum und linksherum*
4. Jetzt nimmt Hampelmann, jetzt nimmt Hampelmann, die Füße in die Hand. *Refrain:* O du mein Hampelmann…	*Überkreuzbewegung: Hand berührt diagonalen Fuß*
5. Jetzt krabbelt Hampelmann, jetzt krabbelt Hampelmann, tief am Boden rum. *Refrain:* O du mein Hampelmann…	*Überkreuzbewegung: Krabbeln*

6. Jetzt malt Hampelmann,   *Simultanzeichnen*
   jetzt malt Hampelmann,
   Bilder in die Luft.
   Refrain: O du mein Hampelmann…

7. Jetzt geht Hampelmann,   *Überkreuzbewegung:*
   jetzt geht Hampelmann,   *Storchengang, diagonaler*
   wie ein Storch herum.   *Arm hoch*
   Refrain: O du mein Hampelmann…

8. Jetzt hopst Hampelmann,   *Überkreuzbewegung:*
   jetzt hopst Hampelmann,   *Hüpfen*
   im Kreis herum und lacht.
   Refrain: O du mein Hampelmann…

9. Jetzt klopft Hampelmann,   *Gorillaklopfen*
   jetzt klopft Hampelmann,   *Mit den Fäusten auf die*
   sich stolz auf seine Brust.   *Brust klopfen*
   Refrain: O du mein Hampelmann…

So wird's gemacht

Die Kinder stellen sich im Kreis auf, in der Mitte steht der Hampelmann und zeigt zu Beginn jeder Strophe die passende Übung bzw. bewegt sich gegen den Uhrzeigersinn im Kreis herum, um allen die Bewegungen deutlich zu zeigen. Während des Refrains werden die Bewegungen der Strophe weiter ausgeführt. Am Schluss jeder Strophe wählt der Hampelmann seinen Nachfolger im Kreis.

Alter: 3–6 Jahre
Sozialform: Gruppenspiel

Im Zoo

Melodie: volkstümlich, Text: Barbara Innecken

Bewegungsübung:

Im Zoo, da geht's gar lustig her,
da tanzen alle kreuz und quer!
Refrain: Fideralala, fideralala …

Überkreuzbewegungen und Variationen, auf dem Platz oder im Raum

‖: Die Eule, die kann rückwärts schaun,
die lässt sich keine Federn klaun! :‖
Refrain: Fideralala, fideralala …

Eule, einmal nach rechts und einmal nach links

‖: Der Elefant, der Elefant,
der malt die Achten an die Wand. :‖
Refrain: Fideralala, fideralala …

Elefant, Kopf liegt einmal auf der rechten Schulter und einmal auf der linken Schulter

Der Löwe brüllt und gähnt ganz laut,
wir hab'n das bei ihm abgeschaut!
Refrain: Fideralala, fideralala …

Energiegähnen

Der Affe ist ganz stolz und froh,   *Gorillaklopfen:*
klopft auf die Brust sich immer so!   *Mit den Fäusten auf die*
Refrain: Fideralala, fideralala …   *Brust klopfen*

Die Ohren zieht sich lang der Fuchs,   *Denkmütze*
jetzt kann er hören jeden Mucks!
Refrain: Fideralala, fideralala …

Der Seehund robbt sich durch die Welt,   *Robben und kriechen:*
im Maul er einen Fisch festhält!   *Bauch auf dem Boden*
Refrain: Fideralala, fideralala …

Die Wiesel krabbeln wie der Blitz,   *Krabbeln*
pass auf, die Krallen die sind spitz!
Refrain: Fideralala, fideralala …

Der Bär läuft immer auf und ab,   *Bärengang: Arme und*
und ist den ganzen Tag auf Trab.   *Beine durchgestreckt*
Refrain: Fideralala, fideralala …

Die Schlange wie 'ne Acht da liegt,   *Liegende Acht auf den*
wie hat sie das nur hingekriegt?   *Boden malen*
Refrain: Fideralala, fideralala …

Im Zoo, da geht's gar lustig her,   *Überkreuzbewegungen*
da tanzen alle kreuz und quer!   *und Variationen wie oben*
Refrain: Fideralala, fideralala …

So wird's gemacht

Die Kinder stellen sich im Kreis auf, in der Mitte steht der Zoodirektor und zeigt zu Beginn jeder Strophe die passende Übung bzw. bewegt sich gegen den Uhrzeigersinn im Kreis herum.

Alter: 3–8 Jahre
Sozialform: Gruppenspiel

Sascha liebt nicht große Worte

Melodie: aus Russland, Text: Barbara Innecken

Bewegungsübung:

1. Sascha liebt nicht große Worte,
   denn er war von eigner Sorte.
   Überkreuz mit Hand und Knie,
   das macht Laune – aber wie!

Überkreuzbewegungen

Refrain: Nja nja nja, nja nja nja,
nja nja nja nja nja nja nja,
nja nja nja, nja nja nja,
nja nja nja nja, nja nja nja!

entsprechende Bewegung fortsetzen

2. Sascha liebt nicht große Worte,
   denn er war von eigner Sorte.
   In die Luft er malt die Acht,
   kann ich auch, wär doch gelacht!
Refrain

Liegende Acht

3. Sascha liebt nicht große Worte,
   denn er war von eigner Sorte.
   Schuhplatteln – das macht er auch,
   ist ein guter, alter Brauch.
Refrain

*Überkreuzbewegung:
Hand greift nach hinten,
berührt gegenüberliegende
Fußsohle*

4. Sascha liebt nicht große Worte,
   denn er war von eigner Sorte.
   Die Ohren zieht er lang sich flugs,
   kann dann hören wie ein Luchs!
Refrain

Denkmütze

5. Sascha liebt nicht große Worte,
   denn er war von eigner Sorte.
   Punkte hier und Punkte da,
   kurz mal rubbeln, wunderbar!
Refrain

Gehirnknöpfe, Anschaltknöpfe

Quelle: Liederbuch Student für Europa, Bad Soden 1975

So wird's gemacht

Beim Refrain macht es Spaß, immer ein bisschen schneller zu werden.
Dieses muntere russische Lied singen die Kinder sehr gerne.

Alter: 6 – 10 Jahre
Sozialform: Gruppenspiel

Durch den Urwald

Eine Erkundungsreise mit viel Bewegung

In dieser Fantasiegeschichte wird erzählt, wie der kleine Panther Siri den Urwald erkundet, welche Tiere er trifft und mit welchen Tricks er sich nach überstandenem Schrecken oder bei großer Müdigkeit wieder erholt. Siri krabbelt, klettert und balanciert durch den Dschungel – es handelt sich also um eine Geschichte, die „ganz nebenbei" jede Menge kinesiologischer Übungen und Bewegungsmöglichkeiten bietet!

Alter: 3 – 10 Jahre
Sozialform: Einzel-, Partner- oder Gruppenarbeit
Material: Sprossenwand, Tisch o.Ä.; Langbank; Seil

So wird's gemacht

Zeigen Sie beim Erzählen der Geschichte die passenden Übungen und Aktivitäten, die im Folgenden fettgedruckt sind, die Kinder können gleich mitmachen. Lassen Sie je nach Anzahl der Kinder den kleinen Panther Siri alleine, mit seiner Schwester oder auch mit einer ganzen Schar von Freunden lebendig werden!

„Wir hören jetzt die Geschichte von Siri, dem kleinen neugierigen Panther, der mit seiner Familie am Rande des Urwalds wohnt. Siri beschließt eines Tages, sich von zu Hause wegzuschleichen, um den großen Urwald zu erforschen, von dem ihm seine Eltern schon viel erzählt haben. Es ist noch früh am Morgen, die Eltern von Siri schlafen noch, weil sie die ganze Nacht auf Jagd waren. Siri **rubbelt sich zuerst seine Gehirnknöpfe und seine Anschaltknöpfe**, damit er fit ist für sein Abenteuer. Weil er alle gefährlichen Tiere des Dschungels rechtzeitig hören will, **macht er noch dazu die Eule**.

Dann **schleicht** er sich leise, leise weg von seinem Zuhause, einem dornigen Gebüsch. Er **schleicht weiter** durch das hohe Gras, das ihn an seinem Bauch kitzelt, bis er zum großen Urwald kommt. Da Siri ein toller Kletterer ist, **klettert** er erst einmal auf einen der riesigen Bäume (Sprossenwand, Tisch o.Ä.) und schaut sich um. Es ist ziemlich dunkel hier, aber Siri hat gute Augen: Überall wachsen lange Schlingpflanzen mit großen Blättern an den Bäumen hoch, alles um ihn herum ist grün. Mit seiner feinen Nase riecht Siri die Gerüche des Urwalds. Es riecht feucht und ein bisschen modrig. Er hört viele verschiedene Vogelstimmen und in weiter Ferne das Geschrei der Affen. 'Da will ich hin', denkt sich Siri und **klettert** von seinem Baum **herunter**. Mühsam bahnt er sich seinen Weg zwischen den dichten Schlingpflanzen hindurch (**kriechen und robben**), bis er genau über sich die Affen hört. Es ist eine ganze Affenbande und sie streiten sich, wer von ihnen der stärkste ist. Jeder **trommelt sich mit seinen Fäusten auf die Brust (Gorillaklopfen → Seite 105)** und **brüllt dazu ganz laut**, um die anderen Affen mit seiner Stärke zu beeindrucken. Als die Affen Siri bemerken, hören sie sofort auf und verschwinden in den Baumkronen. Siri wundert sich, dass sie soviel Angst vor ihm haben und macht sich wieder auf den Weg, bis er an einen breiten Fluss kommt.

Weil er durstig ist, trinkt er ein wenig Wasser und überlegt sich, wie er wohl auf die andere Seite des Flusses kommen könnte. Da sieht er einen riesigen Baumstamm über dem Fluss liegen, und er **balanciert vorsichtig hinüber** (Langbank, Seil). Als Siri genau über der Mitte des Flusses ist, reißt plötzlich ein Krokodil sein großes Maul unter ihm auf! Siris Herz klopft ganz laut vor Angst, aber er weiß, dass er nicht stehen bleiben darf und **balanciert tapfer weiter**.

Am anderen Ufer angekommen, läuft er mit zitternden Beinen noch ein bisschen weiter, um sich in Sicherheit zu bringen. Unter einem großen Baum macht er erst mal ausgiebig die **Wadenpumpe**, um sich von seinem Schreck wieder zu erholen. Danach setzt er sich hin und hält sich die **Positiven Punkte**, bis sein Herz wieder ruhig schlägt. ‚Das tut gut!', denkt Siri und macht sich voller Mut wieder auf den Weg (**krabbeln**). Nach einer Weile liegen viele umgestürzte Baumstämme auf seinem Weg (Kästen, Langbank, Polster), aber Siri **klettert einfach darüber**. Als er weiterläuft, wäre er beinahe auf eine große Schlange getreten, die wie eine liegende Acht daliegt und ein Schläfchen hält (**Liegende Acht auf den Boden oder in die Luft malen**).

Siri läuft schnell weiter und merkt plötzlich, dass er sehr müde geworden ist von den vielen Abenteuern. ‚Wie schön wäre es jetzt, wenn ich daheim bei meinen Eltern wäre!', denkt er und fühlt sich gar nicht mehr mutig. Traurig setzt er sich auf den Boden und macht die **Cook Übung**. Das gibt ihm wieder Mut, er steht auf und macht gleich noch ein paar **Überkreuzbewegungen** hinterher. So, jetzt aber schnell nach Hause! Gerade, als Siri das gedacht hat, hört er hinter sich ein Rascheln und Knacken. Was ist das jetzt schon wieder? Bevor sich Siri darüber große Gedanken machen kann, sieht er, dass seine Eltern mit großen Sprüngen auf ihn zulaufen. Überglücklich kuschelt er sich an sie und alle sind froh, dass das Abenteuer noch einmal gut ausgegangen ist. Gemeinsam laufen sie den weiten Weg nach Hause zurück."

Praxistipp

Variieren Sie diese Geschichte, je nachdem, wieviel Platz oder welche Geräte Sie zur Verfügung haben. Können die Kinder aus Platzgründen weder krabbeln noch klettern, so machen Sie nur die Bewegungsübungen, die im Stand möglich sind und gönnen vielleicht noch zusätzlich dem Tiger (→ Tigeratmung, Seite 71) und dem Elefant (→ Seite 43) einen Auftritt!

Im Land der Farben

Über die Wirkung von Farben auf unser Befinden und unsere Gefühle gibt es eine Menge Literatur mit teilweise unterschiedlichen Interpretationen der einzelnen Farben. Aus der eigenen Erfahrung weiß aber jeder, wie wichtig z.B. die Farbe ist, die man für die Kleidung des Tages gewählt hat oder wie man sich in Räumen mit bestimmten Farbgebungen fühlt. Kinder haben von Natur aus ein sehr sicheres Gespür für Farbwirkungen, sie drücken das deutlich in ihren Bildern und der Wahl ihrer Lieblingskleidung aus.

Die Farbenbalance wurde 1987 von der Schweizer Psychologin und Kinesiologin Rosmarie Sonderegger entwickelt, die Grundlagen hierzu bezog sie aus der kinesiologischen Fachrichtung Touch for Health und der Traditionellen Chinesischen Medizin. Dieses 5000 Jahre alte Erfahrungswissen geht davon aus, dass sich unser gesamtes Leben mit all seinen Bereichen den fünf grundlegenden Elementen Holz, Feuer, Erde, Metall, Wasser zuordnen lässt. Leben wir in Einklang mit den Elementen und damit in Einklang mit der Natur, fühlen wir uns ausgeglichen und „in Balance". Gerät dieses Gleichgewicht ins Wanken, äußert sich das vielleicht als momentane Unruhe, Unwohlsein oder gar als Krankheit, es findet aber auch seinen Ausdruck im Verhalten. Unsere Sprache findet für diese Zustände sehr treffende Begriffe: aus dem Gleichgewicht, aus der Fassung geraten, außer sich sein, aber auch zentriert sein, sich ausgeglichen fühlen, in sich ruhen.

Die Lehre von der Ausgeglichenheit der fünf Elemente ist die Grundlage der traditionellen chinesischen Gesundheitsvorsorge. Dieses uralte System ist auch heute noch aktuell und wirkungsvoll. Ein Grund dafür ist, dass den fünf Elementen alle Erfahrungen unseres Lebens zugeordnet werden und sie alle Lebensbezüge des Menschen berücksichtigen: Jahreszeiten, Tageszeiten, Töne, Gerüche, Geschmacksrichtungen, Temperaturen, Bewegungen, Gefühle und nicht zuletzt auch die Farben.

Aus Erfahrung wissen wir, dass der Kreislauf der Jahreszeiten unser Leben rhythmisiert und uns auch „aus dem Takt" bringen kann. Ein kühler, verregneter Sommer bewirkt häufig, dass wir nicht genug

Die Farbenbalance als Spiel in der Gruppe, zu zweit oder allein

Kreislauf der Elemente

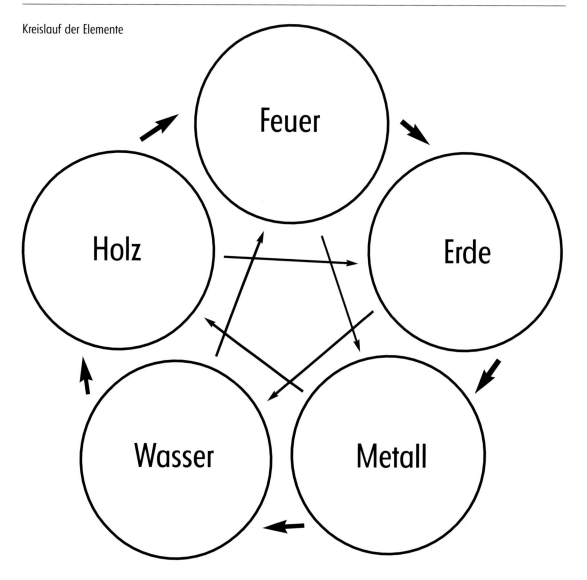

IM LAND DER FARBEN

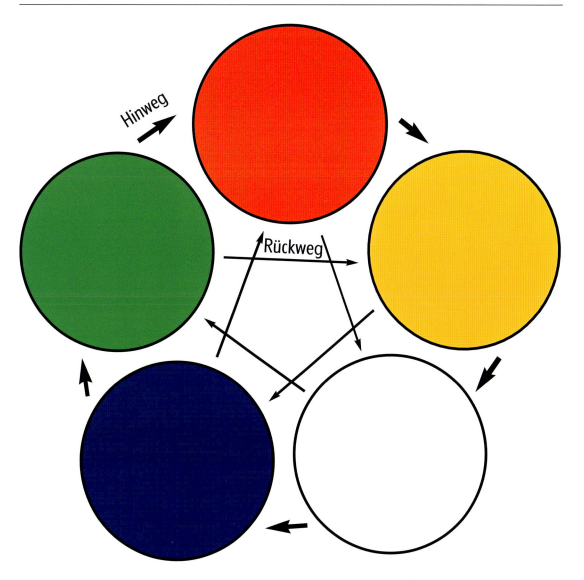

Die Jahreszeiten rhythmisieren unser Leben, sie können uns also auch aus dem Takt bringen.

Sonne getankt haben und die Abwehrkräfte im Winter schwinden, umgekehrt bringt in unseren Breitengraden ein zu warmer Winter die Natur aus dem Gleichgewicht, z.B nehmen Schädlinge überhand. Wenn nun die Farbe Grün dem Frühling, Rot dem Sommer, Gelb dem Spätsommer, Weiß dem Herbst und Blau dem Winter zugeordnet wird, so kann man sich vorstellen, dass ein Zuviel oder ein Zuwenig einer Farbe ein Ungleichgewicht in uns auslösen kann.

Bei der Reise in das Land der Farben, der Farbenbalance, steht der Zusammenklang der fünf Farben Grün, Rot, Gelb, Weiß und Blau im Vordergrund. Es geht um das Durchlaufen der einzelnen Farben mit allen Sinnen, so wie wir das auch beim Kreislauf der Jahreszeiten erleben, und es geht um die Ausgewogenheit, das Gleichgewicht zwischen den Farben.

Die Reise hat einen „Hinweg", den äußeren Kreislauf, in dem der Reihe nach die Farben Grün, Rot, Gelb, Weiß, Blau durchwandert werden. Auf dem „Rückweg", dem inneren Kreislauf, wird jeweils eine Farbe übersprungen, d.h. Rot, Weiß, Grün, Gelb, Blau, hiermit ist der Kreislauf zur Anfangsfarbe Grün wieder geschlossen.

Der spielerische Umgang mit der Farbenbalance hat sich als sehr hilfreich erwiesen

- zur Harmonisierung und Beruhigung einer „aus den Fugen geratenen" Gruppe
- zur Entspannung und Steigerung des individuellen Wohlbefindens
- für mehr Leichtigkeit im Umgang mit stressbesetzten Themen, wie z.B. Streit oder Auseinandersetzungen
- als Vorbereitung vor Hausaufgaben, Prüfungen, wichtigen Gesprächen und ähnlichen Anlässen.

Variation 1: Fantasiereise ins Land der Farben

So wird's gemacht

Die Fantasiereise hat einen eher meditativen Charakter, die Kinder sitzen oder liegen bequem, ohne sich zu berühren und lauschen mit geschlossenen Augen der Geschichte. Manche Kinder brauchen etwas

IM LAND DER FARBEN

Zeit, um sich an Fantasiereisen mit geschlossenen Augen zu gewöhnen. Für diese Kinder kann es zunächst einfacher sein, wenn sie die jeweilige Farbe während des Vorlesens anschauen.

„Wir begeben uns jetzt auf eine Reise, die uns in das Land der Farben führen wird. Bevor wir losgehen, bereiten wir uns zusammen vor: Wir rubbeln Gehirnknöpfe und Anschaltknöpfe und falten unsere Ohren aus (Denkmütze).
Jetzt kann es losgehen, mach deine Augen zu! Stell dir einen Weg vor, der zu einem Tor führt. Du läufst den Weg entlang und öffnest neugierig das Tor. Dann gehst du hindurch und merkst, dass du im Land der Farbe **Grün** angekommen bist.
Hier ist es frisch und kühl und alles sprießt und wächst um die Wette. Die Bäume im nahen Wald haben hellgrüne, junge Blätter, die sich im Wind wiegen. Auf einer großen Wiese vor dir hüpfen viele Laubfrösche herum, die lauthals quaken. Überall riecht es nach saftigem Gras und frisch geschlagenem Holz. Jetzt hörst du auch laute Stimmen: Eine Horde grün gekleideter Kinder stürmt aus dem Haus am Waldrand. Du rennst laut rufend mit ihnen quer über die Wiese. Die Frösche sind ärgerlich, dass sie keiner mehr hört und verschwinden eilig unter ein paar großen Blättern.
Auch du hast es jetzt eilig und marschierst geradewegs in das Land der Farbe **Rot**.
Hier ist es warm, fast heiß und du siehst auch gleich, warum. In der Mitte des Landes brennt ein riesiges Feuer, das prasselt und knistert und herrlich riecht. Eine lustige Kinderschar hüpft lachend um das Feuer herum und du lässt dich gerne zum Mithüpfen einladen. Ganz erhitzt bist du, als eine Frau im roten Kleid kommt und dir und den Kindern eine Schüssel voll mit Himbeeren und Kirschen bringt. Die Früchte schmecken köstlich, und als die Schüssel leer ist, machst du dich wieder auf den Weg.
Bald bist du im Land der Farbe **Gelb** angekommen. Hier ist es warm, die Sonne scheint und du siehst ein ganzes Feld voll mit Sonnenblumen, die mit den Köpfen nicken und dich anschauen. Es riecht nach Erde und nach Gras, das von der vielen Sonne ausgetrocknet ist. Jetzt

Alter: 4–99 Jahre
Sozialform: Einzel-, Partner- oder Gruppenübung
Material: evtl. Seidentücher, Stoffstücke, Filz, Luftballons, Tonpapier o. Ä. in den Farben Rot, Weiß, Grün, Gelb und Blau

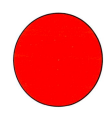

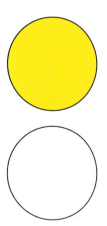

kommt dir eine Gruppe singender Kinder in gelben Kleidern entgegen und du würdest gerne mit ihnen mitgehen, aber sie sind schon hinter dem Sonnenblumenfeld verschwunden. Ein bisschen enttäuscht bist du schon, aber dann summst du einfach selber ein Lied vor dich hin und setzt deinen Weg zufrieden fort, bis du zum Land der Farbe **Weiß** kommst.

Hier ist es ziemlich kühl und über dem Wald hängen zarte Nebelschleier. Du gehst durch den feucht riechenden Wald und kommst zu einer Wiese, auch hier ist es etwas neblig, und auf den Gräsern glitzert noch der Rauhreif der vergangenen Nacht. Mitten auf der Wiese sitzt ein kleiner weißer Hase und weint leise. ‚Mein Freund, der helle Mond hat mich letzte Nacht nicht besucht!', jammert er. Du verstehst seinen Kummer und streichelst ihn. Er hoppelt ein Stück des Weges mit dir und du erzählst ihm vom Mond und warum er kommt und geht und wieder kommt. Das tröstet ihn und er bringt dich an die Grenze zum Land der Farbe **Blau**.

Hier ist es kalt, sehr kalt. Über dir wölbt sich ein tiefblauer Himmel, an dem schon die ersten Sterne funkeln, denn es wird langsam Abend. Die Luft riecht klar und eisig und sticht in der Nase. Weil du keinen Weg erkennen kannst, steigst du auf einen Berg. Ohne Weg fühlst du dich etwas ängstlich und stöhnst, weil der Berg gar so steil ist. Aber oben auf dem Gipfel wirst du belohnt: Unter dir liegt ein friedlicher Bergsee, der in allen Blautönen schimmert. Du atmest tief ein und aus. Als du einen Pfad entdeckst, der hinunter ins Tal führt, weißt du, dass es Zeit ist, den Rückweg anzutreten.

Der Pfad führt dich direkt in das Land der Farbe **Rot**, hier kannst du dich rasch am Feuer wieder aufwärmen und noch ein paar Beeren naschen. Weiter geht es dann in das Land der Farbe **Weiß**, du triffst den kleinen Hasen wieder, der noch in dieser Nacht den Mond zurückerwartet. Eine kleine Weile später bist du schon im Land der Farbe **Grün**, die Laubfrösche haben sich die Wiese zurückerobert und quaken aus vollem Halse. Als du in das Land der Farbe **Gelb** kommst, nicken dir die Sonnenblumen zu und du hörst die singenden Kinder in der Ferne.

Noch einmal führt dich der Weg in das Land der Farbe **Blau** am Bergsee vorbei und du kühlst deine Füße in seinem Wasser.
Als du am Ende des Weges wieder vor dem Tor stehst, fühlst du dich gestärkt und erfrischt von allem, was du erlebt hast. Behutsam öffnest du das Tor, gehst hindurch und schließt es leise hinter dir. Ein neuer Weg führt dich zurück in diesen Raum, du streckst und dehnst dich wie ein Kater nach dem Schlafen und öffnest ganz langsam deine Augen."

> **Praxistipp**
>
> Statt sie vorzulesen, können Sie die Geschichte natürlich auch mit eigenen Worten erzählen und sie dem Erfahrungshintergrund der Kinder anpassen. In vereinfachter Form ist die Fantasiereise dann auch schon für Dreijährige entspannend und beruhigend.

Variation 2: Zitronen, Bananen und andere Früchtchen im Land der Farben

Alter: 3–7 Jahre
Sozialform: Partner- oder Gruppenübung
Material: Farbtafel „Reise in das Land der Farben", selbstgemacht aus Stoffresten oder Tonpapier oder als Farbkopie, Seite 87, fünf Körbchen oder Eimer, zugedeckt mit je einem Tuch in den Farben: Grün, Rot, Gelb, Weiß, Blau. In jedem Körbchen befinden sich Gegenstände, Spielsachen oder Früchte der Saison in der jeweiligen Farbe

Beispiele für Spielsachen oder Früchte:
- Grün: Grüne Äpfel, Schnittlauch, Gurke, Krokodil, Frosch, Drache, Blätter, Gras, Heu
- Rot: Rote Äpfel, Tomaten, Erdbeeren, Himbeeren, Johannisbeeren, Feuerwehrauto, roter Luftballon
- Gelb: Gelbe Äpfel, Zitrone, Banane, Badeente, Sonne (aus Pappe ausschneiden), trockene gelbe Blätter, Stroh
- Weiß: Hart gekochtes Ei, Becher Jogurt, Rettich, Blumenkohl, Watte, Stück Schaffell, Schaf, Taschentuch, Feder, Muscheln, weiße Steine, Eisbär
- Blau: Blaue Weintrauben, Pflaumen, Blaubeeren, Meereswelle (aus Pappe ausschneiden), Wal, Fische, Lapislazulistein, blauer Luftballon

So wird's gemacht

In diesem Spiel geht es darum, sich in die Farben des Farbkreises mit allen Sinnen „hineinzuversetzen". Die Kinder sitzen im Kreis, ein Kind sitzt in der Mitte, greift blind in das Körbchen der Farbe Grün, die den

Anfang des Farbkreises bildet, und rät, was es in der Hand hält. Zur Abwechslung kann es auch den Auftrag erhalten, einen bestimmten Gegenstand herauszusuchen. Der Gegenstand wird herausgeholt und gemeinsam werden seine Eigenschaften erkundet: Wie fühlt er sich an? Wo lebt oder wächst er? Welche Temperatur mag er? Welche Geräusche macht er? Was macht er oder was kann man damit machen? Wie riecht er? Der Höhepunkt ist natürlich dann das Verspeisen der Frucht oder des Lebensmittels!

Zum Abschluss einer Farbe bietet sich das Singen einer Strophe des Liedes „Grün, grün, grün…" nach der bekannten Melodie an. Das Kind wählt seinen Nachfolger für die nächste Farbe und die fünf Farben des „Hinweges" der Farbenbalance werden auf die beschriebene Weise erprobt. Für den „Rückweg" reicht es, sich kurz zu erinnern, welcher Gegenstand für jede Farbe gefunden wurde und ihn noch einmal zu zeigen.

Grün, Grün, Grün

Melodie: nach einem alten Spiellied, Text: Susanne Brandt-Köhn

entnommen aus: Susanne Brandt-Köhn, Die Weihnachtsbühne, © Don Bosco Verlag 1999.

2. Rot, rot, rot ist eine schöne Farbe
   rot, rot, rot – die Rose dort ist rot.
   Rot ist der Apfel, rot ist der Sonnenball.
   Rot wär eine Farbe auch für mich.

3. Gelb, gelb, gelb ist eine schöne Farbe,
   gelb, gelb, gelb – die Zitrone hier ist gelb.
   Gelb ist die Sonne, gelb ist die Banane.
   Gelb wär eine Farbe auch für mich.

4. Weiß, weiß, weiß ist eine schöne Farbe,
   weiß, weiß, weiß – das Schneeglöckchen ist weiß.
   Weiß ist die Möwe, weiß ist der Kieselstein.
   Weiß wär eine Farbe auch für mich.

5. Blau, blau, blau ist eine schöne Farbe,
   blau, blau, blau – das Veilchen dort ist blau.
   Blau ist der Himmel, blau ist der Enzian.
   Blau wär eine Farbe auch für mich.

Variation 3: Reise ohne Worte ins Land der Farben

So wird's gemacht

Alter: 4–99 Jahre
Sozialform: Einzel- oder Partnerübung
Material: für jüngere Kinder: die fünf Farben der Farbbalance aus Stoff (z.B. Seidentücher, Filz oder Tonpapier...), für ältere Kinder: Farbtafel „Reise in das Land der Farben"

Dieses Spiel lässt sich gut paarweise spielen, es entfaltet aber auch alleine durchgeführt seine beruhigende und entspannende Wirkung.
- Zu zweit: Ein Partner reist durch das Land der Farben, indem er jede Farbe so lange anschaut, wie er mag und wie es ihm gut tut. Er beginnt bei Grün und teilt dann kurz mit, wann er weiter geht zu Rot, zu Gelb und den weiteren Farben des „Hinweges" und des „Rückweges". Der andere Partner begleitet ihn, indem er hinter ihm steht und ihm die „Positiven Punkte" auf der Stirn sanft hält.
Jüngere Spieler gehen zu jeder auf dem Boden liegenden Farbe hin und setzen sich zum Anschauen davor. Für etwas ältere Spieler

reicht das Anschauen der Farbtafel im Buch oder einer Vergrößerung davon.
- Allein: Der Spieler hält sich selber die „Positiven Punkte" während er die Farben der Farbtafel in der vorgegebenen Reihenfolge des „Hinweges" und des „Rückweges" betrachtet, Beginn ist bei der Farbe Grün. Es ist ratsam, sich so lange in eine Farbe zu vertiefen, wie man möchte und wie es gut tut!

Praxistipp

Basteln Sie mit den Kindern zusammen eine Vergrößerung der Farbtafel und hängen Sie sie gut sichtbar auf, die Kinder können sich dann, jeder auf seine Art, immer wieder einmal damit beschäftigen. Lassen Sie bei der Gestaltung Ihrer Fantasie freien Lauf, verschieden strukturierte Materialien der einzelnen Farbflächen (z.B. Fell, Filz, Samt, Leder, Wellpappe, Metallfolie…) laden zum Tasten und Streicheln ein!

Auf dem Berge Sinai ...

Klatschspiele für die Kinesiologie wiederentdeckt

Die guten alten Klatschspiele sind heute etwas in Vergessenheit geraten, obwohl ihnen damit bitter unrecht getan wird: Sie sind nämlich eine wunderbare Möglichkeit, das Überkreuzen der Mittellinie spielerisch zu üben! Sowohl Hände als auch Augen führen beim Klatschen mit dem Gegenüber eine Überkreuzbewegung durch und so wird ganz nebenbei auch noch die Hand-Augenkoordination gefördert, die für den Schreibvorgang unerlässlich ist. Die begleitenden Verse unterstützen ebenfalls die Gehirnintegration. Durch den Rhythmus und die Melodie wird die rechte Gehirnhälfte verstärkt angesprochen, die linke Hälfte wird durch das gesprochene Wort aktiviert, da sie hauptsächlich für Sprache zuständig ist. Aus diesem Grunde werden Gedichte und Reime gern im Rahmen der Sprachförderung eingesetzt.

So wird's gemacht

Alter: 3 – 10 Jahre
Sozialform: Einzel- oder Partnerspiel

Variation 1:
Zwei Kinder stehen sich mit erhobenen Händen gegenüber. Sie klatschen erst ganz langsam und gesammelt, dann immer schneller und schneller werdend:
- in die eigenen Hände
- mit der rechten Hand auf die rechte Hand des Gegenübers
- in die eigenen Hände
- mit der linken Hand auf die linke Hand des Gegenübers
- in die eigenen Hände
- mit beiden Händen auf beide Hände des Gegenübers

Variation 2:
Die gleichen Klatschbewegungen (für jüngere Kinder evtl. vereinfachen) mit Versbegleitung.

Variation 3:
Diese Spielvariante kann jedes Kind für sich alleine machen, entweder in der Gruppe, vom Platz aus oder ganz für sich. Statt auf die gegenüberliegende Hand des Partners wird mit Versbegleitung auf den eigenen gegenüberliegenden Oberschenkel geklatscht:
- in die eigenen Hände klatschen
- mit der rechten Hand auf den linken Oberschenkel
- in die eigenen Hände
- mit der linken Hand auf den rechten Oberschenkel
- in die eigenen Hände
- mit beiden Händen auf beide Oberschenkel

Auf dem Berge Sinai
wohnt der Schneider Kikriki
guckt mit seiner Brille raus –
eins, zwei, drei,
das Spiel ist aus!

Auf einem Gummi-Gummi-Berg
da wohnt ein Gummi-Gummi-Zwerg
isst seine Gummi-Gummi-Wurst
hat auch viel Gummi-Gummi-Durst!

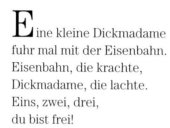

Eine kleine Dickmadame
fuhr mal mit der Eisenbahn.
Eisenbahn, die krachte,
Dickmadame, die lachte.
Eins, zwei, drei,
du bist frei!

Beim Bäcker hats gebrannt – brannt – brannt,
da bin ich schnell gerannt – rannt – rannt.
Da kam ein Polizist – zist – zist,
der schrieb mich auf die List – List – List.
Die List die fiel in Dreck – Dreck – Dreck,
da war mein Name weg – weg – weg.
Da lief ich in den ersten Stock,
da stand ein Mann im Unterrock!
Da lief ich in den zweiten Stock,
da stand ein Mann im Unterrock!
(usw. bis sechster Stock)

Ich fange dich

Die uralte Kunst des Jonglierens, die sich in vielen Kulturen wiederfinden lässt, hat auch bei uns in den letzten Jahren begeisterte Anhänger in allen Altersgruppen gefunden. So mancher Jugendliche hat sich zum Spezialisten entwickelt und bezaubert seine Zuschauer mit fliegenden Bällen, Keulen oder sogar brennenden Fackeln. Es kann für Kinder ein sehr lohnendes Ziel sein, das Jonglieren mit drei Gegenständen zu erlernen, hier geht es jedoch zunächst darum, solide Grundlagen zu schaffen und Freude und Interesse an diesem „luftigen" Spiel zu wecken. Das allerdings aus gutem Grund: Beim Jonglieren wird von Armen und Augen die Mittellinie überkreuzt, die Hand-Augen-Koordi-

Jonglieren mit Tüchern oder weichen Bällen

nation gefördert und Konzentration und Geschicklichkeit spielerisch geübt! Der Wechsel von gleichseitiger und Überkreuzbewegung verbessert außerdem die Flexibilität des Gehirns.

So wird's gemacht

Alter: 3 – 10 Jahre
Sozialform: Einzel-, Partner- oder Gruppenübung
Material: Am besten eignen sich für den Anfang farbige Tücher, da sie leicht sind und langsam fliegen. Im Fachhandel gibt es spezielle Jongliertücher, leichte Chiffon- oder Seidentücher erfüllen aber den gleichen Zweck. Später lassen sich auch weiche Stoff- oder Schaumgummibälle einsetzen. Eine preisgünstigere Variante, die immer zur Hand ist, sind Bälle aus zusammengeknülltem Zeitungspapier.

Der Reiz des Spiels besteht zunächst natürlich im Erproben: Was kann ich allein, zu zweit oder in der Gruppe mit den Tüchern machen? Wie kann ich sie werfen, dass sie möglichst lange in der Luft bleiben und ich viel Zeit zum Fangen habe? Um das Repertoire zu erweitern, wird dann zu den verschiedenen Bewegungsmöglichkeiten angeregt. Zum Schluss macht es viel Spaß, eine kleine Sequenz zusammenzustellen und vielleicht sogar vorzuführen.

Alleine jonglieren

Ein Tuch mit beiden Händen, gleichseitig (rechts-rechts, links-links) oder überkreuz (rechts-links, links-rechts) in die Luft werfen und fangen.
Das Tuch in die Luft werfen, in die Hände klatschen, fangen.
Wer kann das Tuch unter dem Bein, hinter dem Rücken oder über die Schulter in die andere Hand werfen?
Mit dem Tuch die liegende Acht in die Luft malen (abwechselnd mit beiden Händen, mit der rechten und der linken Hand).
Mit zwei Tüchern in der Luft „dirigieren" (Simultanzeichnen).

Zu zweit jonglieren

Die Kinder stehen sich gegenüber und werfen sich ein Tuch zu: mit beiden Händen fangen und werfen.
Die Kinder stehen sich gegenüber und werfen sich ein Tuch zu: mit einer Hand fangen und werfen (überkreuz und gleichseitig).
Die Kinder stehen sich gegenüber und werfen sich zwei Tücher zu, das geht am besten mit Zählen „Eins, zwei…", auf „… drei" wird geworfen.

In der Gruppe jonglieren

Die Kinder werfen das eigene Tuch zum rechten Nachbarn hinüber und fangen das Tuch des linken Nachbarn, auch das geht am besten mit Zählen „Eins, zwei…", auf "…drei" wird geworfen.

> **Praxistipps**
> - Die schwebenden Tücher sehen sehr hübsch aus, unterstützen Sie den Zauber dieses Spiels mit Musik!
> - Wenn Sie die ausgleichende Wirkung der Farbenbalance (→ Seite 85f) miteinbeziehen möchten, lassen Sie die Kinder mit den fünf Farbtüchern der Farbenbalance spielen oder bilden Sie Fünfergruppen, die mit den fünf Farben ausgestattet sind.
> - Falls Sie Lust bekommen haben, das Spiel mit den Tüchern weiter auszubauen und mit den Kindern das Jonglieren mit mehreren Tüchern zu lernen: In dem Buch Brain Gym & Co (→ Literaturempfehlungen, Seite 121) finden Sie eine gelungene Beschreibung dazu!

Berühren und sich berühren lassen

Massagen: Wohltat für Körper, Geist und Seele

Taktile Reize, also Sinneswahrnehmungen durch Berührung, sind in der Entwicklung des Kindes von grundlegender Bedeutung und zwar im doppelten Sinne: Durch das Berührtwerden erfährt das Kind Liebe und Zuneigung und nimmt seinen eigenen Körper verstärkt wahr, durch das Berühren be-greift es seine Umwelt und auch seinen Körper mit Hilfe seiner Hände.

In der Kinesiologie werden nun ganz bestimmte Zonen oder Punkte des Körpers, von denen eine heilsame Wirkung aus der Akupunkturlehre bekannt ist, berührt.

Aus dem Abschnitt „Gymnastik für das Gehirn – Kinesiologische Bewegungsübungen, die den Kinderalltag begleiten und erleichtern können" (→ Seite 34) kennen Sie bereits verschiedene Möglichkeiten, bestimmte Körperpunkte durch Berührung zu aktivieren:

- Positive Punkte: Durch sanftes Halten des Bereichs der Stirnbeinhöcker wird Stress abgebaut und positive Ausblicke werden angeregt.
- Gehirnknöpfe: Durch Rubbeln der Akupunkturpunkte am Ende des Nierenmeridians und gleichzeitiges Halten des Bauchnabels wird die „Batterie" des Körpers aufgeladen und die beiden Gehirnhälften können besser zusammenarbeiten.
- Energiegähnen: Durch das sanfte Klopfen der Muskulatur über dem Kiefergelenk werden Spannungen im Kopf und Kiefer gelöst.
- Denkmütze: Durch das Ausstreichen der Ohren werden über 400 Akupunkturpunkte stimuliert, Gehirn, Hören, Gedächtnis und viele andere Körperfunktionen werden unterstützt.
- Eule: Durch Zusammendrücken des Schultermuskels lösen sich Schulterverspannungen.

Weitere Möglichkeiten der gezielten Berührung, die Kindern und Erwachsenen sehr viel Freude machen, finden Sie beim Pizzabacken und Rückenmalen, beim Gorillaklopfen oder beim Kraftpunkte rubbeln. Viel Spaß!

Pizzabacken

Auf dem gesamten Rücken finden wir unzählige Akupunkturpunkte sowie Stärkungs- und Reflexzonen. Beim Pizzabacken werden diese Punkte auf vielfältige Weise angeregt und dadurch die Selbstregulierungs- und Selbstheilungskräfte der Kinder gestärkt. Das „Rezept" wird vom jeweiligen „Pizzabäcker" (derjenige, der massiert) laut vorgetragen.

Alter: 3 – 10 Jahre
Sozialform: Partnerübung (im Liegen auf dem Boden) oder Gruppenübung (Kinder stehen im Kreis hintereinander und backen jeweils auf dem Rücken des Vordermanns ihre Pizza)

Das Rezept	**So wird's gemacht**
Den Teig kneten	*Den Rücken des Kindes mit beiden Händen durchkneten und walken.*
Den Teig ausrollen	*Im Liegen: Das Kind sanft hin- und herrollen. Im Stehen: Mit den Fäusten den Rücken hinauf- und hinunterfahren.*
Den Teig glatt streichen	*Mit den ganzen Handflächen von unten nach oben, von der Mitte nach außen streichen.*
Die Pizza belegen und alles gut verteilen:	
Tomaten	*Mit den Fäusten Kreise malen.*
Schinken	*Ganze Handflächen fest aufdrücken und dabei etwas drehen.*
Pilze	*Leichter Druck mit dem Daumen.*
Oliven	*Alle Fingerspitzen einer Hand zu einer Spitze formen und punktförmig aufsetzen.*
Zwiebelringe	*Mit dem Finger Kreise malen.*
Paprikastreifen	*Mit dem Daumen streifenförmig streichen.*
Käse	*Mit den Spitzen der gespreizten Finger klopfen.*
Die Pizza in den Ofen schieben:	*Kräftig an den Rändern des Rückens entlang streichen und der Pizza einen kleinen Schubs geben.*

Guten Appetit! Natürlich gilt auch beim Pizzabelegen: Die Geschmäcker sind verschieden. Wer also andere Zutaten wählen möchte, kann sich auch dafür entsprechende Bewegungen ausdenken.

Rückenmalen

Alter: 3–10 Jahre
Sozialform: Partnerübung (im Liegen auf dem Boden) oder Gruppenübung (Kinder stehen im Kreis hintereinander und malen jeweils auf dem Rücken des Vordermanns).

Beim Rückenmalen geht es ebenfalls um die Aktivierung bestimmter Punkte und Zonen auf dem Rücken, gleichzeitig spielt aber auch das gemalte Motiv eine Rolle: Um einen großen Kreis zu malen, wird die Mittellinie mit den Händen und Augen überkreuzt und beide Gehirnhälften werden angeschaltet. Das Gleiche gilt für die verschiedenen Schwungübungen bei Vorschulkindern und Buchstaben oder Zahlen bei Grundschülern. Beim Dirigieren wird die Beidhändigkeit und der Orientierungssinn geübt. Die liegende Acht verbindet das rechte und das linke Sehfeld und natürlich auch die Gehirnhälften. Wenn die gemalten Motive von dem „Bemalten" erraten werden, wird dadurch ganz nebenbei die Selbstwahrnehmung geschult!

Alle Bilder werden erst mit der rechten, dann mit der linken Hand und zum Schluss mit beiden Händen gemalt und sollen so groß werden, dass sie den ganzen Rücken ausnutzen. Achten Sie auf Einfachheit und Größe der Motive!

So wird's gemacht

Die Kinder malen auf den Rücken:
- einen Kreis, eine Sonne, einen Ball, ein Gesicht
- ein Viereck, eine Kiste, einen Würfel
- ein Dreieck, ein Haus mit Dach
- die Schwungübungen aus der Vorschule
- Buchstaben und Zahlen
- Liegende Acht
- Dirigieren (Simultanzeichnen)
- eigene Motive

Wer kann raten, was auf seinem Rücken gemalt wird?

Gorillaklopfen[2]

Dieses von Ernst Tumpold kreierte Spiel macht müde Kinder wieder munter. Der starke Gorilla beklopft nämlich seinen ganzen Körper nach allen Regeln der Kunst: Er achtet auf die Richtung, mit der er Außen- und Innenseite von Rumpf, Armen und Beinen beklopft und gleicht dadurch die Energie seines Meridiansystems aus. Meridiane sind in der Chinesischen Medizin Kanäle, in denen Lebensenergie fließt und zwar jeweils in einer bestimmten Richtung. Diese Fließrichtung wird durch die Klopfmassage unterstützt. Nach der Meridianmassage trommelt sich der Gorilla zum Schluss stolz auf die Brust und regt damit seine Thymusdrüse an, die eine wichtige Funktion im körpereigenen Abwehrsystem hat.

Alter: 3 – 10 Jahre
Sozialform: Einzel- oder Gruppenübung

So wird's gemacht

1. Aufmunternde Variante

Geklopft wird entweder mit der flachen Hand oder mit der Faust, begleitende Töne dürfen ruhig etwas lauter sein und machen den Kindern viel Spaß!

- Auf der Innenseite eines Armes hinunterklopfen, von der Schulter bis zu den Fingerspitzen. Auf der Außenseite des Armes hinaufklopfen, von den Fingerspitzen bis zur Schulter. Bei jedem Arm dreimal.
- An der Außenseite des Rumpfes, der Oberschenkel und der Unterschenkel hinunterklopfen bis zu den Zehenspitzen, dies geht gleichzeitig mit beiden Händen an der rechten und linken Körperaußenseite. An der Innenseite der Beine hinaufklopfen über den Bauch bis zum Brustbein, diesen Zyklus dreimal.
- Mit den Fingerkuppen beider Hände beide Schädelseiten, den Hinterkopf, den Hals, den Nacken und die Schultern sanft beklopfen.
- Zum Schluss auf den oberen Teil des Brustbeins trommeln!

---

[2] In: Claudia Meyenburg (Hrsg.), Achter, X und Überkreuz, VAK Verlag, Freiburg 1996.

Gorillaklopfen

2. Beruhigende Variante
Die gleichen Bewegungen durchführen, aber nicht klopfen, sondern den Meridianverlauf mit der flachen Hand sanft nachfahren und den oberen Teil des Brustbeins (Thymusdrüse) kreisförmig reiben. Diese Meridianmassage hat eine besänftigende und ausgleichende Wirkung.

Kraftpunkte rubbeln

Alter: 3 – 99 Jahre
Sozialform: Einzel-, Partner- oder Gruppenübung

Die „Kraftpunkte" heißen eigentlich Neurolymphatische Punkte, sie sind in der Medizin auch als „Chapman Reflexe" bekannt. Die Massage dieser Punkte aktiviert und harmonisiert besonders das Lymphsystem und stärkt dadurch die körpereigene Abwehr, die ja durch die zunehmend verschmutzte Umwelt häufig überlastet ist. Da alle Neurolymphatischen Punkte auch mit den Meridianen, den Akupunkturpunkten und den fünf Elementen in Verbindung stehen, wird ähnlich wie bei der Farbenbalance mit dem Rubbeln der Punkte der Energiefluss im ganzen Körper ausgeglichen.

- Geeignet als schnelle Selbsthilfe nach einer belastenden Situation
- Zur Vorbereitung auf Proben, Prüfungen oder Hausaufgaben
- Stabilisiert und zentriert eine aus den Fugen geratene Gruppe
- Motiviert für neue Spiele oder Aufgaben
- Selbsthilfe zur Stärkung des Immunsystems

So wird's gemacht

Jüngere Kinder nehmen für die Massage der Kraftpunkte die ganze Handfläche, ältere die vier Fingerspitzen einer Hand. Jeder Punkt bzw. jede Zone wird 10–20 Sekunden massiert. Falls ein Punkt empfindlich reagiert, sanfter massieren, bis die Empfindlichkeit nachlässt.

- Selbst-Massage: Ältere Kinder und Erwachsene können sich selber sehr gut ins Gleichgewicht bringen, indem sie sich die Punkte der Körpervorderseite rubbeln. Allein oder in der Gruppe möglich.
- Partnermassage: Kinder aller Altersstufen können sich gegenseitig die Kraftpunkte am Rücken und an den Oberschenkeln rubbeln, da sie leicht zu erreichen sind.
- Gruppenmassage: Die Kinder stehen hintereinander im Kreis und massieren jeweils den Rücken des Vordermannes. Viel Spaß beim fröhlichen Rubbeln!

Kraftpunkte rubbeln/ Körperrückseite

Praxistipp

Wagen Sie sich ruhig an diese auf den ersten Blick etwas kompliziert wirkende Massage! Es kommt nicht darauf an, jeden Punkt oder jede Zone „ganz genau" zu treffen, Sie können die angegebenen Stellen breitflächig massieren und auf diese Weise sicher sein, für sich und die Kinder eine angenehme und entspannende Wirkung zu erzielen. Viele Kinder genießen es auch, wenn ihre Kraftpunkte von einem vertrauten Erwachsenen oder einem älteren Kind gerubbelt werden, z.B. vor dem Schlafengehen oder in einer Pause.

Neurolymphatische Punkte

Für diejenigen, die es ganz genau wissen wollen, hier noch eine Beschreibung der Lage der Punkte:

Körpervorderseite
1. In der Kuhle direkt vor dem Schultergelenk.
2. Unterhalb des Schlüsselbeins, in der Mitte zwischen Brustbein und Schulter.

3. Rechts und links der Brustwirbelsäule.
4. Unterhalb der Brustwarzen.
5. Am unteren Rand des Brustkorbes, entlang des Rippenbogens.
6. Nur links: In der unteren Ecke des Brustkorbes.
7. Rechts und links vom Bauchnabel, rechts und links kurz oberhalb des Bauchnabels.
8. Oberer Rand des Schambeines.
9. Entlang der äußeren Seite der Oberschenkel von der Hüfte bis zum Knie, großflächig rubbeln.

Körperrückseite
1. Am Nacken direkt unterhalb des Schädelknochens, rechts und links der Halswirbelsäule.
2. Rechts und links der Brustwirbelsäule, bis zum Ende der Rippen.
3. Rechts und links der Lendenwirbelsäule, diese Fläche fühlt sich knöchern an.
4. Entlang der äußeren Seite der Oberschenkel von der Hüfte bis zum Knie, großflächig rubbeln.

Kraftpunkte rubbeln/ Körpervorderseite

Und die Großen?

Selbsthilfeübungen für alle, die mit Kindern leben und lernen

Für das Wohl der uns anvertrauten Kinder ist den meisten von uns keine Mühe zu groß, kein Weg zu steil. Wie aber sieht es dabei mit unserem eigenen Wohlergehen aus? Eltern und die Gruppe der im sozialen Bereich Tätigen scheinen besonders anfällig dafür zu sein, die eigenen Bedürfnisse hinten anzustellen oder Warnsignale des Körpers zu überhören. Kaum eine andere Arbeit verlangt so viel Flexibilität und Organisationstalent, Liebe, Geduld und Klarheit wie die Arbeit mit Kindern. Um diesen hohen Anforderungen auch langfristig gewachsen zu sein und nicht ein Opfer des Burn-Out-Syndroms zu werden, ist es enorm wichtig, sich gut um sich selber zu kümmern.

Ein vielbenutztes Schlagwort in diesem Zusammenhang ist Stressmanagement, was ist damit gemeint? Wir alle brauchen ein gewisses Maß an positivem Stress, sogenanntem Eustress, um aktiv und lebenstüchtig zu sein. Zur Berg- und Talbahn unseres Lebens gehört es aber auch, dass wir immer wieder negativem Stress, sogenanntem Distress, ausgesetzt sind. Negative Stressfaktoren können Lärm, Zeitdruck, Konflikte am Arbeitsplatz oder in der Familie, Fehlernährung oder Überlastung durch zu viele Reize sein, um nur einige Beispiele zu nennen. Hat der Körper zwischendurch genügend Zeit und Möglichkeiten, seine Energiereserven zu erneuern und zur Ruhe zu kommen, kann er dem anfallenden Stress auf eine gesunde Art und Weise begegnen und ihn verarbeiten. Fehlen diese Inseln der Ruhe, sammeln sich zu viele Stresshormone im Körper, wir stehen entweder ständig unter Volldampf oder leiden unter Energiemangel und Erschöpfung. Ein gutes Beispiel für Stressmangement sind die Arbeitspausen, die ja dazu dienen sollen, aufgebauten Stress wieder abzubauen und dadurch Kraft für neue Taten zu tanken. Wer seine Pausen dazu benutzt, schnell noch all das zu erledigen, wozu er mit den Kindern nicht gekommen ist, geht am Ende der Pause wieder an die Arbeit, ohne sein Stresshormonniveau gesenkt zu haben. Wer seine Pause, so kurz sie auch sein mag, bewusst für sein eigenes Wohlergehen nutzt, unterbricht die Stressspirale und kann aus der Entspannung heraus viel leichter neue Kräfte mobilisieren.

Nun hat jeder natürlich seine eigene individuelle Art und Weise, zu sich selber und zur Ruhe zu kommen. Der eine sucht das Gespräch und den Austausch mit anderen, der andere bevorzugt es allein zu sein. In einigen Situationen ist es genau richtig, sich hinzulegen und zu ruhen, in anderen ist Bewegung wesentlich erholsamer. In jedem Fall geht es darum, in sich hineinzuhorchen: Wie kann ich mir jetzt etwas Gutes tun, was brauche ich im Moment, um mich zu entspannen? Ihre innere Stimme weiß die Antwort mit Sicherheit, der springende Punkt ist allerdings, ihr auch Gehör zu schenken und die Idee zu verwirklichen! Viele der in diesem Buch in Spiele eingekleideten Übungen und Techniken eignen sich hervorragend, um auf einfache und rasche Weise Stress abzubauen und neue Energien zu tanken. Lassen Sie sich bei der Auswahl der passenden kinesiologischen Übung von Ihren momentanen Bedürfnissen leiten. Im Folgenden finden Sie eine Liste mit häufig vorkommenden Stresssituationen und Anregungen zu ihrer Bewältigung. Die Übungen benötigen nur wenig Zeit, gönnen Sie sich diese Zeit und lassen Sie sich diese kostbaren Minuten auch von keiner noch so wichtigen Angelegenheit oder Person wieder nehmen! Die Ihnen anvertrauten Kinder werden davon einen doppelten Nutzen haben: Erstens sind Sie entspannter und besser gelaunt und zweitens werden Sie die Übungen, die Ihnen selber gut tun, umso lieber an die Kinder weitergeben.

Was tue ich, wenn ...

... ich nach einer anstrengenden Arbeitszeit eine Pause habe?

Wasser trinken (für jede Tasse Kaffee ein Glas Wasser extra!)
Zur Entspannung:
Cook Übung
Energiegähnen
Im Land der Farben
Zur Aktivierung:
Verschiedene Überkreuzbewegungen
Gehirnknöpfe und Anschaltknöpfe

Kraftpunkte rubbeln (die Körpervorderseite alleine oder den Rücken mit Kollegen)
Gorillaklopfen

... ich mich überreizt fühle und den Lärm und die Fragen der Kinder heute nicht gut aushalte?

Wasser trinken
Positive Punkte halten und mit geschlossenen Augen ruhig und tief in den Bauch atmen, während im Hintergrund das Leben „tost".
Denkmütze
Elefant

... ich einen Konflikt mit einem Kollegen, Eltern oder Kindern habe und ein klärendes Gespräch ansteht?

Wasser trinken
Wadenpumpe
Positive Punkte halten und sich das Gespräch so lange vorstellen, bis man klarer sieht.

... ich mich lustlos und unkonzentriert fühle?

Wasser trinken
Cook Übung
Fließen und Strömen

... meine Augen und mein Nacken nach langer Arbeit am Schreibtisch oder Computer verspannt sind?

Wasser trinken
Eule
Elefant
Liegende Acht
Positive Punkte halten und Augen kreisen lassen, links- und rechtsherum

... ich müde nach Hause komme, aber so aufgedreht bin, dass ich nicht abschalten kann?

Wasser trinken
Positive Punkte halten und sich dabei der „Gedankenmühle" so lange widmen, bis sich die Gedanken klären und ruhiger werden.
Im Land der Farben: Reise ohne Worte mit Halten der Positiven Punkte
Energiegähnen

... ich hundemüde nach Hause komme, aber noch etwas vorhabe?

Wasser trinken
Duschen und mit der Massagebürste die Meridiane „wachbürsten" (vgl. Gorillaklopfen, → Seite 105)
Wechselatmung durch die Nase
Wer fährt mit?

> **Praxistipp**
>
> Gönnen Sie sich mehrmals am Tag kleine „Inseln der Ruhe", kurze Rituale für das eigene Wohlergehen.
> Beobachten Sie sich selber sorgfältig. Wenn Sie bei sich Spannungen, ein körperliches oder seelisches Ungleichgewicht feststellen, wählen Sie eine Übung aus. Stellen Sie nach der Übung fest, ob sich etwas verändert hat. Wenn Sie noch nicht zufrieden sind, machen Sie weitere Übungen und nehmen danach die Veränderungen wahr.

5. Grenzen als Wegweiser

Wenn sich durch spielerisches Üben kein Erfolg einstellt

Wenn Sie bereits einige Spiele und Anregungen aus diesem Buch erprobt haben, haben Sie vielleicht die Erfahrung gemacht, dass manche Kinder die Ideen mit Leichtigkeit aufgreifen und schnell davon profitieren, während andere Kinder etwas länger brauchen, um mit den Übungen vertraut zu werden und Spaß daran zu haben. Es gibt aber auch immer wieder Kinder, die Sie mit diesen oder ähnlichen Förderangeboten zunächst einmal nicht erreichen, oder deren Entwicklung trotz Beschäftigung mit den Übungen auf die eine oder andere Weise stagniert. In einem solchen Fall sind die Grenzen der Anwendung von Kinesiologie innerhalb der Gruppe, der Klasse oder der Familie erreicht und dem Kind wäre jetzt vermutlich mit einer gezielten Einzelförderung mehr gedient.

> Stagniert die Entwicklung eines Kindes trotz der kinesiologischen Bewegungsübungen, sollten Erzieher/-innen, Lehrkräfte oder Eltern Beratung von Fachleuten heranziehen.

Kinesiologische Bewegungsübungen wurden entwickelt, um aufbauend und präventiv zu wirken und dadurch Therapie in vielen Fällen überflüssig zu machen. Emotionale Probleme, körperliche Entwicklungsverzögerungen oder geistige Blockaden, also Ungleichgewichte, die nicht nur vorübergehend auftreten, sollten aber genauer betrachtet werden, bevor sie sich verfestigen. Im vertrauensvollen Gespräch von Eltern und pädagogischen Betreuern des Kindes lassen sich gemeinsam die ersten Schritte beraten. In einigen Fällen wird es nötig sein, das Problem medizinisch abzuklären oder eine Beratungsstelle aufzusuchen. Da es den Rahmen dieses Buches sprengen würde, auf die breitgefächerten Therapie- und Förderangebote für Kinder näher einzugehen, beschränke ich mich auf Informationen über die Möglichkeiten kinesiologischer Einzelarbeit, in der Hoffnung, Ihnen Entscheidungshilfen geben zu können.

Kinesiologische Einzelarbeit

Angenommen, Sie haben sich als Eltern entschlossen, einen qualifizierten Kinesiologen, der Erfahrung mit Kindern hat, aufzusuchen (Adressen finden Sie im Serviceteil → Seite 121). Was erwartet Sie? Zunächst einmal geht es in der kinesiologischen Einzelarbeit darum, herauszufinden, welche Stressfaktoren das Kind belasten und wie diese bestmöglich gelöst werden können. Wenn z.B. ein Kind mit Rechtschreibproblemen in die Praxis kommt, so wird man sich gemeinsam auf die Suche nach den Zusammenhängen machen, die den Stress beim Rechtschreiben verursachen, anstatt das Rechtschreiben durch Üben verbessern zu wollen. Zu einem späteren Zeitpunkt, wenn wichtige Stressfaktoren gelöst sind, kann Üben viel effektiver sein und mehr Spaß machen. Es ergeben sich dann auch gute Möglichkeiten der Zusammenarbeit mit anderen Therapie- und Förderansätzen. Kinesiologische Einzelbehandlung ist in den seltensten Fällen als Langzeittherapie gedacht, andererseits kann man aber auch nicht erwarten, dass nach ein oder zwei Sitzungen alle Probleme „weggepustet" sind. Es hat sich bewährt, Kinder eine gewisse Zeit kinesiologisch zu begleiten, um sie von der Basis her zu stärken und ihnen dann Zeit zu geben, neu Erworbenes zu integrieren und einzuüben. In vielen Fällen ist es auch hilfreich, die Familie des Kindes in die kinesiologische Arbeit mit einzubeziehen, denn es kommt häufig vor, dass das Kind durch sein Problem Konflikte in der Familie zum Ausdruck bringt.

> **Der ausgebildete Kinesiologe sucht nach belastenden Stressfaktoren als Ursache von Blockaden oder Problemen.**

Der Muskeltest

Ein wichtiges Handwerkszeug in der kinesiologischen Einzelarbeit ist der Muskeltest, dessen Anwendung aber einige Erfahrung voraussetzt und deshalb gut ausgebildeten Händen überlassen werden sollte. Alles, was uns in unserem täglichen Leben begegnet, was wir denken, fühlen, sehen oder tun, hat Einfluss auf uns. Ob dieser Einfluss uns gut oder weniger gut tut, uns stärkt oder schwächt, ist uns oft, aber nicht in allen Fällen, bewusst. Den Muskeltest können Kinesiologen als

„Körperinstrument" benutzen, um herauszufinden, wie verschiedene Einflüsse auf die getestete Person wirken, da sie deren Muskelspannung verändern. Sie alle kennen das Phänomen: Auf dem Fußballplatz springen die Fans bei einem Tor ihrer Mannschaft begeistert von ihrem Platz und reißen die Arme in die Luft, die Muskeln sind gestärkt. Umgekehrt bekommt jemand, der eine traurige Nachricht erhalten hat, hängende Schultern und weiche Knie, die Muskeln sind geschwächt.

Muskeltest

Auch der Muskeltest funktioniert auf diese Weise: Denkt das rechtschreibschwache Kind an das letzte misslungene Diktat und wird gleichzeitig auf seinen Unterarm ein sanfter, nach unten gerichteter Druck ausgeübt, so wird der Arm nach unten nachgeben. Der getestete Deltamuskel, der den Arm waagerecht hält, reagiert schwach, da das Diktat stressbesetzt ist. Hat dieses Kind aber zum Beispiel Spaß am Malen und stellt sich seine Lieblingszeichnung vor, so wird es auf den gleichen Druck hin seinen Arm mit Leichtigkeit in der waagerechten Position halten. Auf diesen positiven Reiz reagiert der Deltamuskel stark.

Aufspüren und Lösen individueller Stressfaktoren

In der kinesiologischen Einzelsitzung wird der Muskeltest nun verwendet, um die Ursachen für das anstehende Problem herauszufinden. Der Kinesiologe betätigt sich gemeinsam mit dem Klienten sozusagen als „Stressdetektiv", der sich auf die Suche nach Stressfaktoren macht, die den Klienten aus dem Gleichgewicht bringen. Die Herausforderungen unserer Zeit, z.B. Bewegungsmangel und Medienüberflutung, können solche Stressfaktoren sein. Sie haben sie im ersten Kapitel dieses Buches schon ausführlicher kennengelernt. Aber nicht jeder lässt sich durch diese Fakoren auf gleiche Art und Weise aus dem Gleichgewicht bringen, denn Stress wirkt individuell sehr unterschiedlich. Kann zum Beispiel ein Kind, das eher einen gemächlicheren Rhythmus hat, durch Alltagsstress aus der Bahn geworfen werden, so kann der gleiche Alltagsstress an einem agileren Kind einfach „abperlen". Der Muskeltest erweist sich hier als ausgezeichnete Möglichkeit, Belastungen ganz individuell festzustellen. Folglich ist es auch möglich, nicht nur die Wirkung „allgemeiner" Stressfaktoren auszutesten, sondern die sehr persönlichen Lebensbedingungen eines Menschen mit einzubeziehen.

Der Kinesiologe als Stressdetektiv.

Mit Hilfe des Muskeltest lassen sich Belastungen ganz individuell feststellen.

Bleiben wir beim Beispiel des Kindes mit Rechtschreibproblemen, so könnte es sich mit Hilfe des Muskeltests herausstellen, dass seine Gehirnhälften nicht zusammenarbeiten, da seine Bewegungsentwicklung eingeschränkt war. Die Schwierigkeiten mit dem Rechtschreiben können aber ebensogut mit einer Blockade der visuellen Wahrnehmung zusammenhängen, deren Ursachen vielleicht in einer schwierigen Schwangerschaft oder Geburt, einem Unfall oder einem Schockerlebnis liegen. Aber auch das ganze weite Feld familiärer Belastungen, emotionaler Unsicherheiten und unbewusster Ängste kann bei Lernproblemen eine große Rolle spielen. Ebenso können körperliche Belastungen durch Narben oder Zähne, Schwermetalle oder andere Umweltgifte und Unverträglichkeiten von Nahrungsmitteln als Störfaktoren wirken. Der Organismus des Kindes kann durch sie so geschwächt werden, dass das Kind seinen intellektuellen Aufgaben nicht mehr gerecht werden kann, was dann z.B. in mangelhafter Rechtschreibung zum Ausdruck kommt. Der Muskeltest bietet also die Möglichkeit, das Problem eines Klienten in Zusammenhang mit seiner ganz persönlichen Lebenssituation ganzheitlich zu betrachten.

Als Nächstes stellt sich jetzt natürlich die Frage, wie sich die gefundenen Stressfaktoren lösen lassen. Sie haben in diesem Buch bereits eine kleine Auswahl kinesiologischer Techniken zum Lösen von Stress kennen gelernt, hierzu gehören z.B. die Bewegungsübungen, die Farbenbalance oder die Meridianmassage. Diese und eine Vielzahl anderer Möglichkeiten setzt der Kinesiologe ein, um Stress abzubauen, so dass die Klienten – Kind oder Erwachsener – ihr Gleichgewicht wiederfinden können. Auch die Zusammenarbeit mit Eltern, Pädagogen, Ärzten, Heilpraktikern, Zahnärzten und Therapeuten unterschiedlicher Richtungen spielt dabei natürlich eine wichtige Rolle.

Beispiele aus der Praxis

Zum Abschluss sollen noch drei kurze Beispiele aus der Praxis die Möglichkeiten veranschaulichen, die sich in der kinesiologischen Einzelarbeit ergeben.

Felix · Der knapp sechsjährige Felix gilt im Kindergarten und zu Hause als „Tagträumer", er scheint lieber in fernen Welten zu schweben, als sich mit dem realen Hier und Jetzt zu befassen. Er spielt zwar stundenlang Fantasiespiele, aber wenn er z.B. seine Arbeitsblätter für die Vorschule ausfüllen soll, ist er unkonzentriert und langsam, hat zu wenig Ausdauer und lässt sich leicht ablenken. Er spricht von sich aus eher wenig und hört, wenn er angesprochen wird, zwar freundlich zu, aber die Botschaft scheint bei ihm nicht wirklich anzukommen.

In der kinesiologischen Einzelarbeit stellt sich heraus, dass Felix in seinen Fantasiespielen zwar ausgiebig und gerne von seiner „künstlerischen", rechten Gehirnhälfte Gebrauch macht, aber bei konkreten Aufgaben wenig Zugang hat zu der linken, analytisch orientierten Seite. Mit Hilfe der Lateralitätsanbahnung nach Paul Dennison lernt Felix, von der Arbeit beider Gehirnhälften zu profitieren. Er beginnt, auch seine Vorschularbeitsblätter mit Konzentration und Ausdauer zu erledigen. Zusätzlich stellt sich heraus, dass seine Ohren, die aus medizinischer Sicht in Ordnung sind, durch seine sehr lang dauernde, komplizierte Geburt in der Wahrnehmung blockiert sind. Mit verschiedenen kinesiologischen Techniken wird das Geburtstrauma gelöst und Felix unterstützt diese Arbeit, indem er über mehrere Wochen die „Denkmütze" übt, um seine Ohren wieder „anzuschalten". Obwohl Felix seinem Wesen treu bleibt und sich weiterhin gern in seinen Fantasiewelten aufhält, versteht er jetzt, was seine Umwelt von ihm will und reagiert entsprechend flexibel darauf.

Julia

Die neunjährige Julia ist eine gute Schülerin. Sie hat aber trotzdem Angst vor Proben und meidet neue Situationen, so geht sie z.B. nicht gerne zu anderen Kindern zum Spielen. Sie beißt an ihren Nägeln herum und macht gelegentlich immer noch ins Bett. Da sie das einzige Kind ist, macht sich ihre Mutter große Sorgen um sie.
In der kinesiologischen Einzelarbeit wird deutlich, dass Julia extrem hohe Ansprüche an sich selber stellt und sich damit unter Druck setzt. Dieser Stress blockiert die Verbindung ihrer Gehirnhälften, so dass sie sich unfähig fühlt, unbekannte Situationen zu meistern. Durch die Lateralitätsanbahnung nach Paul Dennison und die gezielte Förderung ihres Selbstbewusstseins traut sich Julia langsam mehr zu und sie verliert ihre Prüfungsangst. Sie unterstützt diesen Prozess durch „Gorillaklopfen" mehrmals pro Tag. Auch ihre Mutter erklärt sich bereit, in kinesiologischen Einzelsitzungen an sich zu arbeiten und stellt fest, dass ihre Sorgen um die Tochter daher rühren, dass sie ein Kind durch eine Fehlgeburt verloren hat, bevor Julia auf die Welt kam. Nachdem sie diese Belastung erkannt und sich davon gelöst hat, kann sie Julias Entwicklung mit mehr Vertrauen und Gelassenheit begleiten. Nach einiger Zeit legen sich Julias Nägelbeißen und Bettnässen und sie kann sich über ihre guten Schulnoten freuen.

Tobias

Dem fünfjährigen Tobias fehlt die innere Ruhe, er ist motorisch überaktiv und scheint immer auf der Suche zu sein. Gegenüber seinem zwei Jahre jüngeren Bruder verhält er sich aggressiv und es fällt ihm sehr schwer, sich in eine Gemeinschaft einzuordnen. Abends schläft er schlecht ein, nachts wacht er häufig auf.

In der Einzelarbeit stellt sich heraus, dass Tobias durch seine Kaiserschnittgeburt Schwierigkeiten hat, seinen eigenen Körper und dessen Grenzen zu spüren. Dieses körperliche und in der Folge auch seelische Defizit bearbeitet er kinesiologisch, ergänzend nehmen seine Eltern öfter als früher Körperkontakt zu ihm auf und massieren ihn zu seiner großen Freude häufig am ganzen Körper. Durch das steigende Körperbewusstsein und die klaren Grenzen, die seine Eltern ihm jetzt im täglichen Leben setzen, wird Tobias ruhiger und schläft besser. Sein Verhältnis zu dem jüngeren Bruder verbessert sich erst, als klar wird, wie sehr sich Tobias durch dessen lange Krankheit vernachlässigt gefühlt hat. Mit Hilfe kinesiologischer Techniken löst sich Tobias von dieser Belastung und findet dann allmählich auch seinen Platz in der Kindergartengruppe.

Ein paar Worte zum Schluss…

Mit dem „Blick über die Grenzen" schließt dieses Buch. Ich hoffe, dass es für das Zusammenleben mit Ihren Kindern, für Ihren pädagogischen Alltag oder auch für Sie selbst einige Anregungen bereit hält. Falls Sie sich weitergehend für die Kinesiologie interessieren und einen Kurs besuchen möchten, finden Sie im anschließenden Serviceteil Adressen von Seminarveranstaltern. Die vielfältigen kinesiologischen Kursangebote sind sowohl für pädagogische und therapeutische „Profis" als auch für Eltern und andere Interessenten geeignet.

Serviceteil

Seminare/Fortbildungen

Barbara Innecken
Praxis für Sprach- und Psychotherapie
Kirchenstr. 7
D - 82327 Tutzing
Tel. 0 81 58/99 34 44
Fax. 0 81 58/99 34 46
e-mail: b.innecken@web.de
www.barbara-innecken.de

Institut für Angewandte Kinesiologie
Eschbachstr. 5
D - 79199 Kirchzarten
Tel. 0 76 61/98 71/0
Fax. 0 76 61/98 71/49
e-mail: info@iak-freiburg.de
www.iak-freiburg.de

Institut für Kinesiologie IKAMED
Konradstr. 32
CH - 8005 Zürich
Tel. 0 44/4 47 45 15
e-mail: info@ikamed.ch
www.ikamed.ch

Adressenlisten qualifizierter Kinesiologen

Deutsche Gesellschaft
für Angewandte Kinesiologie
Dietenbacherstr. 22
D - 79199 Kirchzarten
Tel. 0 76 61/98 07 56
Fax. 0 76 61/9 83 18 27
e-mail: info@dgak.de
www.dgak.de

Schweiz. Berufsverband für Kinesiologie IASK
Leimenstr. 13
CH - 4051 Basel
Tel. 0 61/9 71 75 16
e-mail: iask.ch@datacomm.ch
www.iask.ch

Österr. Berufsverband für Kinesiologie
Salzburger Str. 44
A - 4020 Linz
Tel. 07 32/34 20 80
e-mail: sekretariat@kinesiologie-oebk.at
www.kinesiologie-oebk.at

Bezugsquelle für liegende Acht aus Holz

Don Bosco Fachbuchhandlung
Sieboldstr. 11
D – 81669 München

Tel. 0 89/4 80 08/3 30
Fax. 0 89/4 80 08/3 09
e-mail: buchhandlung@donbosco.de
www.donbosco-fachbuchhandlung.de

Literaturempfehlungen

Ayres, Anna A., Bausteine der kindlichen Entwicklung, Springer Verlag Berlin 2002.
Darstellung der Entwicklung von Wahrnehmung und Wahrnehmungsstörungen.

Ballinger, Erich, Alex mit den rosa Ohren, Neuer Breitschopf Verlag Wien 1993.
Ein Bilderbuch für das Kindergartenalter, in dem der Elefant Alex die Kinder motiviert, mit ihm zusammen Bewegungsübungen zu machen.

Batmanghelidj, Faridun, Wasser – die gesunde Lösung, VAK Freiburg 1996.
Ein Umlernbuch aus der Sicht eines ganzheitlich orientierten Arztes.

Buchner, Christina, Brain Gym und Co., Kinderleicht ans Kind gebracht, VAK Freiburg 1997.
Ein Praxisratgeber für die Grundschule, von derselben Autorin sind noch weitere empfehlenswerte Titel erschienen.

Dennison, Paul E. und Gail, Brain Gym Lehrerhandbuch, VAK Freiburg 1995.
Das Original, sämtliche Brain Gym Übungen erklärt und illustriert von den Urhebern.

Hannaford, Carla, Bewegung – das Tor zum Lernen, VAK Freiburg 1996.
Die neurophysiologischen Grundlagen des Lernens, gut verständlich erklärt.

Liebertz, Charmaine, Das Schatzbuch ganzheitlichen Lernens, Grundlagen, Methoden und Spiele für eine zukunftsweisende Erziehung, Don Bosco Verlag, München, in Kooperation mit Spectra Verlag, Dorsten 2000.
Alle Bereiche der ganzheitlichen Entwicklung von Kindern übersichtlich dargestellt. Mit 70 Spielen und Übungen dazu.

Löscher, Wolfgang (Hrsg.), Vom Sinn der Sinne, Spielerische Wahrnehmungsförderung für Kinder, Don Bosco Verlag, München 1996.
Eine Fülle an Spielideen zum Hören, Sehen, Riechen, Schmecken und Bewegen.

Pauli, Sabine und Kisch, Andrea, Was ist los mit meinem Kind?, Urania Ravensburger Verlag, Berlin 1998.
Bewegungsentwicklung und Bewegungsauffälligkeiten bei Kindern.

Dank

Von Herzen Dank sagen möchte ich
- allen meinen Lehrern und Lehrerinnen, die bei vielen Seminaren meine fachliche Kompetenz und meine persönliche Entwicklung stärkten.
- Martina Günther, Christine Hellermann-Holz, Karin Thiele-Lucas, die mich mit ihrem Rat und ihren praktischen Erfahrungen unterstützten.
- Bozenka Isand, Kindertagesstätte in der Droste-Hülshoff-Straße, München, von der die Geschichte „Bimbo und Samba" stammt.
- meiner Familie, die mich mit viel Verständnis und aller Kraft während der Arbeit an diesem Buch begleitete.

Mit Kindern leben – mit Kindern lernen

Charmaine Liebertz

Das Schatzbuch ganzheitlichen Lernens

Grundmodelle, Methoden und Spiele für eine zukunftsweisende Erziehung.

204 Seiten, kartoniert, Illustrationen
ISBN 3-7698-1159-3

70 Spiele und Projektvorschläge zum ganzheitlichen Lernen von Kindern

Charmaine Liebertz

Das Schatzbuch der Herzensbildung

Grundlagen, Methoden und Spiele zur Emotionalen Intelligenz

200 Seiten, kartoniert, Illustrationen
ISBN 3-7698-1446-0

80 Spiele und Projektvorschläge zur Entwicklung emotionaler Fähigkeiten

Viele Wege zur Entspannung

Gabriele Hermanns

33 Geschichten zum Entspannen für Kinder von 3 bis 6

Mit Elementen des Autogenen Trainings

132 Seiten, kartoniert, Illustrationen
ISBN 3-7698-1417-7

Spezielle Geschichten für die Entspannung zwischendurch

Ursula Rücker-Vennemann

Entspannungsspiele für Kinder

Ideen, Spiele, Übungen für jeden Tag

92 Seiten, kartoniert, Fotos, Illustrationen
ISBN 3-7698-1275-1

50 Spiele für einen
entspannten Kindergartentag

Die zwölf kinesiologischen Basisübungen auf einen Blick

1. Gehirnknöpfe (S. 36)

2. Anschaltknöpfe (S. 37)

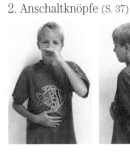

3. Überkreuzbewegungen (S. 39)

4. Liegende Acht (S. 41)

5. Elefant (S. 43)

6. Simultanzeichnen (S. 44)

7. Eule (S. 46)

8. Denkmütze (S. 48)

9. Wadenpumpe (S. 49)

10. Energiegähnen (S. 51)

11. Positive Punkte (S. 53)

12. Cook Übung (S. 55)

Aus: Barbara Innecken, Kinesiologie – Kinder finden ihr Gleichgewicht, Don Bosco, München 2000.